Praxis der Textverarbeitung

Ein aktuelles Übungsbuch für den modernen Unterricht

DIN 5008 aus dem Jahr 2011

von Karl Wilhelm Henke

VORWORT

Mit den Aufgaben dieses Übungsbuches festigen und sichern Sie Ihre Kenntnisse in der Textverarbeitung. Es soll Sie befähigen, in der beruflichen Praxis rationell mit einem Textverarbeitungsprogramm arbeiten zu können. Dieses Buch setzen Sie aber auch zur Prüfungsvorbereitung im Fach Textverarbeitung ein.

Ziel dieses Buches ist es, Geschäftsbriefe modern und empfängerbezogen zu formulieren und nach DIN 5008 gestalten zu können. Dazu dienen die zahlreichen Situationsaufgaben.

Das moderne Layout ist in der Textverarbeitung wichtiger denn je. Dazu finden Sie Texte, in die Sie Grafiken oder andere Elemente einfügen. Digitalfotos laden Sie zu diesem Zweck von einer CD herunter.

Alle Beispiele entsprechen den neuen Schreib- und Gestaltungsregeln für die Textverarbeitung aus dem Jahr 2011.

Bei der Arbeit mit diesem Übungsbuch wünsche ich Ihnen viel Freude und gute Erfolge.

Soest, im Frühjahr 2011

Karl Wilhelm Henke

INHALT

2., neubearbeitete Auflage, 2011

Druck 1, Herstellungsjahr 2011
© Bildungshaus Schulbuchverlage
Westermann Schroedel Diesterweg
Schöningh Winklers GmbH
Postfach 33 20, 38023 Braunschweig
Telefon: 01805 996696*, Fax: 0531 708-664
service@winklers.de   www.winklers.de
Redaktion: Michael Adler
Druck: westermann druck GmbH, Braunschweig
ISBN 978-3-8045-7290-4

* 14 ct/min aus dem deutschen Festnetz, Mobilfunk maximal 42 ct/min.

Auf verschiedenen Seiten dieses Buches befinden sich Verweise (Links) auf Internetadressen.

Haftungshinweis: Trotz sorgfältiger inhaltlicher Kontrolle wird die Haftung für die Inhalte der externen Seiten ausgeschlossen. Für den Inhalt dieser externen Seiten sind ausschließlich deren Betreiber verantwortlich. Sollten Sie bei dem angegebenen Inhalt des Anbieters dieser Seiten auf kostenpflichtige, illegale oder anstößige Inhalte treffen, so bedauern wir dies ausdrücklich und bitten Sie, uns umgehend per E-Mail davon in Kenntnis zu setzen, damit beim Nachdruck dieser Verweis gelöscht wird.

72902

INFORMATION 

In den Schreib- und Gestaltungsregeln für die Textverarbeitung (DIN 5008) ist festgelegt, wie ein vorgegebener Inhalt dargestellt werden soll. Nach dieser Norm gestalten Sie Texte und Geschäftsbriefe.

Die wichtigsten Regeln finden Sie in tabellarischen Übersichten und in Form von Übungssätzen. Diese Sätze eignen sich auch für das Training zur Erhöhung der Schreibfertigkeit. Dazu stellen Sie den Seitenrand links auf 2,4 cm und rechts auf 1,8 cm. Wählen Sie Schriftart Courier New, Schriftgrad 12.

SCHREIBREGELN ALPHABETISCH

Abkürzungen

Ausgesprochene Abkürzungen mit Punkt	i. A.	z. B.	bzw.	u. Ä.
	d. M.	v. J.	v. H.	usw.
Buchstäblich gesprochene Abkürzungen oder amtliche Bezeichnungen ohne Punkt	AG	GmbH	DIN	Kfz
	BGB	MdB	MEZ	Lkw
	km	kg	EUR	kW

Anführungszeichen

Keine Leerzeichen zwischen Anführungszeichen und den eingeschlossenen Textteilen	Liefern Sie uns die Marke „Paris". Sie mahnten: „Beachten Sie den Klimaschutz!" „Das geht schnell", fügte sie hinzu.

Kalenderdaten

Numerisch

Monat und Tag zweistellig – getrennt durch Mittestrich oder Punkt	20..-07-26 20..-12-30 26.07.20..

Alphanumerisch

Leerzeichen zwischen den Bestandteilen	1. August 20.. oder 1. September 20..

Klammern

Keine Leerzeichen zwischen Anführungszeichen und den eingeschlossenen Textteilen	Sie fuhren nach Hull (England). Das betrifft alle Mitarbeiter(innen). Kennen Sie die Liefer(ungs)- und Zahlungsbedingungen? Beachten Sie die Punkte a) und c).

Mittestrich

Bindestrich

kein Leerzeichen vor und nach dem Bindestrich	Mecklenburg-Vorpommern 800-GB-Festplatte Theodor-Heuss-Allee

Ergänzungsstrich
Leerzeichen nach oder vor dem
Mittestrich

auf- und abladen
Postein- und -ausgang
Privat- und öffentliche Mittel

Gedankenstrich
Leerzeichen vor und nach dem
Gedankenstrich

Sie versuchte es – doch leider
ohne Erfolg.

Zeichen für „gegen"
Leerzeichen vor und nach dem
Zeichen für „gegen"

Borussia Dortmund – Schalke 04
Juventus Turin – Real Madrid

Streckenangaben
Leerzeichen vor und nach dem
Mittestrich

Autobahn Oberhausen – Köln –
Frankfurt – Stuttgart

Schrägstrich
Keine Leerzeichen vor und nach dem
Schrägstrich

Im August/September ...
In den Jahren 2008/2009 ...
Nur noch 1/5 des Umsatzes ...
Der Zivilprozess Schmitz ./. Meyer
...

Uhrzeiten
Zweistellige Schreibung der Stunden,
Minuten und Sekunden - Gliederung
durch den Doppelpunkt

00:05 Uhr
07:09:10 Uhr
09:35:58 Uhr

Zahlen
Einfache Zahlen
von rechts dreistellig durch
Leerzeichen oder Punkt

50 000 Stück
12.755.125,00 EUR
0,78 €

Ordnungszahlen
Gliederung mit einem Punkt

5. Platz – 8. Mai
III. Stockwerk

Bankleitzahlen
drei Zahlengruppen – durch
Leerzeichen getrennt

BLZ 440 150 75
BLZ 250 100 30

Postfachnummern
von rechts zweistellig durch
Leerzeichen

Postfach 72 50 73
Postfach 1 30 59

**Telefonnummern
und Telefaxnummern**
zwischen Vorwahl und Ruf-
nummer ein Leerzeichen –
vor der Durchwahl ein
Bindestrich

06151 5955
0177 4959395
07938 592-72

SCHREIBREGELN IN SÄTZEN
Abkürzungen

Abkürzungen mit Punkt

Abkürzungen, die Sie im vollen Wortlaut aussprechen, erhalten einen Punkt.

```
Auf dem Rechnungsvordruck müssen Sie z. B. die Tel.-Nr. einsetzen.
Natürlich ist es auch erforderlich, die Rechnungs-Nr. aufzuführen.
Ist vor der Artikelbezeichnung auch noch die lfd. Nr. einzusetzen?
Zur Sanierung dieser Schulgebäude stellt das Land 3 Mrd. € bereit.
Auch Reg.-Dir. a. D. Walter Steiner wurde zu der Feier eingeladen.
```

Abkürzungen ohne Punkt

Buchstäblich gesprochene Abkürzungen oder Abkürzungen, die wie
selbstständige Wörter gesprochen werden, schreiben Sie ohne Punkt.

```
CDU und FDP wollen schon im April eine Regierungskoalition bilden.
Der DGB setzt sich für den Erhalt der Arbeitsplätze besonders ein.
Auf der UN-Vollversammlung in New York spricht der Bundesminister.
Das Fußballspiel Hamburger SV - VfB Stuttgart ist erst am Sonntag.
Zu der heiklen Situation kam es, als ein Lkw diesen Pkw überholte.
```

Bei national oder international festgelegten Abkürzungen für Maßeinheiten in Natur-
wissenschaft und Technik, für Himmelsrichtungen und Währungseinheiten setzen Sie
im Allgemeinen keinen Punkt. Steht am Satzende eine Abkürzung, die Sie normaler-
weise ohne Punkt schreiben, müssen Sie trotzdem den Schlusspunkt setzen.

```
Für das Gerät muss die Käuferin nur den Betrag von 120 EUR zahlen.
Erreicht das Sportfahrzeug doch eine Geschwindigkeit von 223 km/h?
Mehrere Haushalte verbrauchen im Jahr weniger als 8 353 kWh Strom.
Das Passagierschiff nahm jetzt Kurs in Richtung NNO nach Schweden.
Das Navigationsgerät berechnete die Strecke nach Bremen mit 93 km.
```

Anführungszeichen

Vor dem ersten und nach dem zweiten Anführungszeichen geben Sie ein
Leerzeichen ein. Zwischen den Anführungszeichen und den Textteilen entfallen
die Leerzeichen.

Für Anführungszeichen gibt es zwei Formen. Die „geraden" Anführungszeichen
stehen oben. Es ist aber auch möglich, typografische Anführungszeichen
zu verwenden. Bei dieser Form der Anführungszeichen steht das erste
Anführungszeichen unten und das zweite Anführungszeichen oben.

Innerhalb einer Anführung verwenden Sie den Apostroph als halbes
Anführungszeichen.

```
Die Auszubildende bestand die Prüfung mit der Note "befriedigend".
Das Programm 'Megaplus 2010" ist bei den Kunden besonders beliebt.
Während des Besuchs übernachten alle Gäste im Hotel „Meeresblick".
„Gibt es keine Möglichkeit, dieses Problem zu lösen?", fragte sie.
Der Käufer fragte: „Können Sie mir das Modell ‚Venedig' anbieten?"
```

Kalenderdaten

Numerische Kalenderdaten

Das numerische Kalenderdatum gliedern Sie in der Reihenfolge Jahr, Monat, Tag (absteigend). Die Angaben werden durch je einen Mittestrich getrennt. Monat und Tag schreiben Sie zweistellig. Die Jahreszahl sollten Sie vierstellig schreiben.

Eine Schreibung des Datums in der Reihenfolge Tag, Monat und Jahr ist ebenfalls möglich. Die Bestandteile des Datums werden dann durch einen Punkt getrennt. Diese Form ist in Texten besser lesbar. Innerhalb eines Briefes oder Textes sollten Sie aber nur eine Form der Datumschreibung anwenden.

```
Welches Kalenderdatum ist nun korrekt: 20..-09-30 oder 20..-10-03?
In der Auftragsbestätigung ist das Datum so angegeben: 20..-10-30.
Unser Mitarbeiter, Herr Hartmann, wird Sie am 20.11.20.. besuchen.
Die Besprechung der Außendienstmitarbeiter ist doch am 07.11.20...
Auf die Anfrage erhielten wir das Angebot pünktlich am 18.10.20...
```

Alphanumerische Kalenderdaten

In Texten sollten Sie für die Schreibung des Datums die alphanumerische Form bevorzugen. Der Monatsname sollte nicht abgekürzt werden.

```
Am 9. Oktober 20.. erhalten Sie die Waren durch unseren Spediteur.
Zum 2. Januar 20.. soll eine Industriekauffrau eingestellt werden.
Bereits am 5. März 20.. erhielten wir auf die Anfrage ein Angebot.
Die Lieferung traf am 2. April 20.. pünktlich in unserem Werk ein.
Am 5. Oktober 20.. beanstandeten wir die Lieferung der Bürotische.
```

Klammern

Runde Klammern

In Aufzählungen setzen Sie nach einem Kleinbuchstaben eine Nachklammer.

Zwischen den Klammern und den Textteilen entfallen die Leerzeichen.

Häufig werden Buchstaben oder Wortteile in Klammern gesetzt, um Verkürzungen, Zusammenfassungen oder Alternativen zu kennzeichnen. Wird nur ein Teil des Wortes in Klammern gesetzt, entfallen die Leerzeichen.

```
Kreuzen Sie auf diesem Vordruck auch noch die Punkte b) und e) an.
Die Mitarbeiterin wird die Zweigstelle in Hamm (Westfalen) leiten.
Dieses neue Rundschreiben richtet sich an alle Mitarbeiter(innen).
Der Schulleiter informiert alle Lehrer(innen) in dieser Konferenz.
Die neuen Liefer(ungs)- und Zahlungsbedingungen kennen Sie sicher.
```

Eckige Klammern

Lassen Sie Buchstaben, Wortteile oder Wörter, beispielsweise auf Formularen u. Ä., weg, verwenden Sie eckige Klammern.

Erläuterungen zu einem bereits eingeklammerten Zusatz setzen Sie ebenfalls in eckige Klammern.

Das Fernsehen berichtete über die Plenarsitzung des Bundestag[e]s.
Das RAM (random access memory [Arbeitsspeicher]) wird nun ersetzt.
Die Fahrt nach Italien (Riva [Gardasee]) war für alle interessant.

Mittestrich

„Mittestrich" ist der Oberbegriff für die Anwendung als Bindestrich, Ergänzungsstrich, Gedankenstrich, Zeichen für „gegen", Zeichen für „bis" und Streckenangaben.

Bindestrich

Verwenden Sie den Bindestrich, geben Sie vor und nach dem Mittestrich keine
Leerzeichen ein.

Für diese Aktion muss jetzt noch die Soll-Stärke ermittelt werden.
Diese Berechnung gilt nur für den medizinisch-technischen Bereich.
Bei den Beratungen sollte auch das Sowohl-als-auch bedacht werden.
Dieser neue Computer ist mit einer 800-GB-Festplatte ausgestattet.
Der 17-jährige Schüler will schon bald seinen Führerschein machen.

Ergänzungsstrich

Verwenden Sie den Mittestrich als Ergänzungsstrich, geben Sie nach dem Mittestrich
ein Leerzeichen ein. Den Mittestrich benutzen Sie, um deutlich zu machen, dass ein
Bestandteil einer Wortzusammensetzung weggelassen wurde. Steht der Mittestrich
am Wortanfang, wird der folgende Wortteil ohne Leerzeichen angeschlossen.

In dem Text fehlen Angaben zu den Liefer- und Zahlungsbedingungen.
Für diesen Artikel müssen die Käufer nun das 2- bis 3fache zahlen.
Die Mitarbeiter haben den Postein- und -ausgang täglich zu prüfen.
Darüber berieten die Rechtschreibreform-Befürworter und -Kritiker.
Hierbei müssen Sie die Privat- und öffentlichen Ausgaben beachten.

Gedankenstrich

Vor und nach dem Gedankenstrich lassen Sie je ein Leerzeichen. Sie verwenden den
Gedankenstrich, wenn Sie in der gesprochenen Sprache eine deutliche Pause machen.

Auf diese Nachfrage sollten Sie antworten – und zwar ganz schnell.
Diese Mahnung – es war nicht die erste – blieb auch unbeantwortet.
Für das Foto – es ist sicher das schönste – bekam sie einen Preis.

Zeichen für Streckenangaben – Zeichen für „gegen"

Verwenden Sie den Mittestrich für Streckenangaben oder als Zeichen für
„gegen", lassen Sie vor und nach dem Mittestrich ein Leerzeichen.

Der Lkw befuhr am Freitag die Autobahn Bremen – Hannover – Kassel.
Der ICE München – Würzburg – Kassel hatte eine größere Verspätung.
Das Bundesligaspiel Borussia Dortmund – Schalke 04 ist im Oktober.

Schrägstrich

Vor und nach dem Schrägstrich entfallen die Leerzeichen.

Die Produktion wird in den Monaten Juli/August wieder aufgenommen.
In den Jahren 2004/2005 konnten wir den Absatz wesentlich erhöhen.
Das neue Modell erreicht eine Spitzengeschwindigkeit von 250 km/h.
Im Grundbuch ist das Wohnungseigentum mit 3/16 Anteil eingetragen.
In dem Rechtsstreit Meyer ./. Blanke ist noch kein Urteil ergangen.

Zahlen

Einfache Zahlen

Zahlen mit mehr als drei Stellen sollten Sie durch je ein Leerzeichen in dreistellige Gruppen gliedern.

Die Auflagenhöhe der 3. Auflage des Fachbuches betrug 3 000 Stück.
Von dem beliebten Fachbuch wurden inzwischen 5 635 Stück verkauft.
Das Pokalspiel Hannover 96 – Werder Bremen sahen 42 533 Zuschauer.
Der Schriftsteller hat schon eine Gesamtauflage von 125 000 Stück.
Die Einwohnerzahl der Hauptstadt beträgt nun 10 053 840 Einwohner.

Währungsbeträge

Aus Sicherheitsgründen sollten Sie Währungsbeträge mit dem Punkt gliedern. In dezimalen Teilungen verwenden Sie das Komma. In vollen Währungsbeträgen stehen hinter dem Komma zwei Nullen. Für „Euro" verwenden Sie die Abkürzung EUR oder das €-Zeichen. Bei runden Zahlen oder ungefähren Werten brauchen Sie die Dezimalstellen nicht aufzuführen. In größeren runden Beträgen dürfen Sie anstelle der Nullen auch die Abkürzungen, z. B. Mio., Mrd. usw., verwenden.

Die Büromöbelfabrik bietet den Büroschreibtisch für 1.398,00 € an.
Für den Pkw ist noch die Restsumme von 3.458,50 EUR zu überweisen.
Der Preis für den Pkw wird im kommenden Jahr 25.980,00 € betragen.
Die Summe für das Bauvorhaben wird auf 1.250.000 EUR veranschlagt.
Durch Steuereinnahmen nahm das Bundesland 3 Mrd. € zusätzlich ein.

Telefonnummern und Telefaxnummern

Die Funktionsbereiche einer Telefonnummer oder Telefaxnummer (Anbieter, Landesvorwahl, Ortsnetzkennzahl und Einzelanschluss) trennen Sie durch je ein Leerzeichen. Vor die Durchwahlnummer setzen Sie einen Mittestrich.

Möchten Sie Dr. Köhler persönlich sprechen, wählen Sie 069 493550.
Wählen Sie 0531 5345-0, dann verbindet Sie unsere Telefonzentrale.
Wollen Sie aber Herrn Zinowitz sprechen, wählen Sie 0421 5345-125.
Senden Sie uns doch Ihre Fernkopie direkt unter 04821 47960-60 zu.
Neue Informationen rund um die Uhr erhalten Sie unter 0800 333444.

Postfachnummern

Postfachnummern gliedern Sie von rechts nach links durch je ein Leerzeichen in zweistellige Gruppen.

```
Die Großhandlung Westermann hat jetzt das Postfach 35 53 bekommen.
Die vollständige Anschrift lautet: Postfach 55 87 36, 51643 Hagen.
Die Maschinenfabrik Weiler GmbH hat jetzt das Postfach 4 35 28 39.
```

Uhrzeiten

Stunden-, Minuten- und Sekundenangaben schreiben Sie jeweils zweistellig. Ist nur eine Ziffer vorhanden, setzen Sie eine Null davor. Zur Gliederung verwenden Sie den Doppelpunkt.

```
Die Sitzung des Vorstandes ist um 19:30 Uhr im Hotel „Zum Schwan".
Der Airbus aus Houston traf bereits um 05:45 Uhr in Frankfurt ein.
Der ICE München läuft ausnahmsweise um 08:07 Uhr auf Gleis 12 ein.
Die Siegerin des Triathlons auf Hawaii siegte in 10:25:05 Stunden.
Alle feierten lebhaft, denn um 00:00:01 Uhr beginnt das neue Jahr.
```

Zeichen für Wörter

Zeichen für „Prozent"

Vor und nach dem Prozentzeichen lassen Sie ein Leerzeichen. In Beispielen wie „12%igen" entfallen die Leerzeichen. Das Zeichen wird nur in Verbindung mit Zahlen verwendet.

```
Der Energiekonzern erhöhte die Gaspreise ab April um weitere 10 %.
Die Gesellschafter sind sich einig, die Einlage um 5 % zu erhöhen.
Zahlen Sie sofort, können Sie 2,5 % Skonto von der Summe abziehen.
Beziehen Sie 15 Computer, gewähren wir einen 12%igen Mengenrabatt.
Beachten Sie, dass dieser Prozentsatz schon ab 1. März d. J. gilt.
```

Zeichen für „und (et)" – Zeichen für „Paragraf"

Das Zeichen & verwenden Sie nur in Firmenbezeichnungen. Davor und danach lassen Sie ein Leeerzeichen.

Das Zeichen § dürfen Sie nur in Verbindung mit darauffolgenden Zahlen verwenden. In der Mehrzahl schreiben Sie das Zeichen für Paragraf zweimal.

```
Das Unternehmen Kleinschmidt & Krüger KG gibt eine Bestellung auf.
Die Gesellschafter der Becker & Co. OHG haben ihre Einlage erhöht.
Nach § 15 der Vereinssatzung ist nun ein neuer Vorstand zu wählen.
Gesetzliche Grundlagen dafür finden Sie in den §§ 433 und 434 BGB.
Für diesen Kaufvertrag sind die Paragrafen aus dem BGB anzuführen.
```

INFORMATION

Wichtige Textteile können Sie durch **Fettschrift**, *Kursivschrift*, <u>Unterstreichen</u> oder GROSSBUCHSTABEN hervorheben. Dazu können Sie auch Kurzbefehle verwenden. Durch Wechsel der Schriftart und -größe sowie durch Farben lenken Sie die Aufmerksamkeit auf wichtige Textteile. KAPITÄLCHEN sollten Sie nicht verwenden, weil diese Hervorhebungsart nicht gut lesbar ist. Satzzeichen am Ende einer Hervorhebung heben Sie nicht hervor. Zum nachträglichen Hervorheben müssen die Textteile vorher markiert sein.

Haben Sie einen Text erfasst, sollten Sie die Silbentrennung (Worttrennung) durchführen, um ein ausgeglichenes Zeilenende zu bekommen. Dabei ist es sinnvoll, die Trennvorschläge einzeln zu prüfen.

Aufgabe

Erfassen Sie den Text. Stellen Sie nachträglich die Schriftart Tahoma, Schriftgrad 11, ein und heben Sie die wichtigen Textstellen hervor. Nehmen Sie die manuelle Silbentrennung (Worttrennung) vor.

Die Berufsausbildung

Als **duale Ausbildung** bezeichnet man das Berufsausbildungssystem in Deutschland. Darunter versteht man die *parallele Ausbildung in Betrieb und Berufsschule*. Der Betrieb und der Auszubildende schließen einen **Berufsausbildungsvertrag** ab.

Der Auszubildende besucht während der Ausbildungszeit die Berufsschule. Der **Betrieb** vermittelt den <u>praktischen Teil</u> der Ausbildung, während die **Berufsschule** den <u>theoretischen Teil</u> der Ausbildung übernimmt. Grundlage der betrieblichen Ausbildung ist die **Ausbildungsordnung**.

Die *überbetriebliche Ausbildung* findet in eigenen Werkstätten oder Schulungsräumen der Kammern statt. Sie soll die Defizite in der Ausbildung, die durch eine Spezialisierung der Betriebe entstanden ist, ausgleichen. Solche Lehrgänge dauern drei bis vier Wochen.

Die schulische Ausbildung richtet sich nach den Lehrplänen. Diese basieren auf bundeseinheitlichen Lehrplänen. Die Auszubildenden besuchen die Berufsschule bis zu zwölf Unterrichtsstunden in der Woche. Die Unterrichtsfächer unterteilen sich in fachtheoretische und allgemeinbildende Fächer. Zu diesen Fächern gehören u. a. *Deutsch, Politik, Sport und Religion*.

Am Ende der Berufsausbildung steht die Abschlussprüfung. In dieser Prüfung sollen die Auszubildenden ihre FACHKOMPETENZ nachweisen. Auszubildende in einem kaufmännischen Ausbildungsberuf legen die *Kaufmannsgehilfenprüfung* vor dem Prüfungsausschuss der Industrie- und Handelskammer ab.

INFORMATION 

LINKSBÜNDIG – RECHTSBÜNDIG – ZENTRIERT – BLOCKSATZ

Texte erfassen Sie im Allgemeinen linksbündig. Dadurch entsteht rechts ein Flatterrand. Durch Blocksatz erhalten Sie ein ausgeglichenes Zeilenende, indem zwischen den Wörtern automatisch Leerräume eingefügt werden.

Um Textteile hervorzuheben, können sie eingemittet werden. Diese Art der Hervorhebung heißt „Zentrieren". In Briefköpfen oder neben Bildern können Sie Texte auch rechtsbündig ausrichten. Für das Einstellen der Textausrichtung können Sie Kurzbefehle verwenden.

Aufgabe

Erfassen Sie den Text. Stellen Sie nachträglich die Schriftart „Bookman Old Style", Schriftgrad 11, ein. Formatieren Sie den Text wie unten abgebildet. Nehmen Sie die manuelle Silbentrennung (Worttrennung) vor und richten Sie den Text im Blocksatz aus.

Urlaub in der Karibik

Urlaub und Ferienzeit sind natürlich zum Entspannen da, aber ein wenig Abenteuer kann auch nicht schaden. Die Karibik bietet ein unvergleichliches Angebot an Aktivitäten. Bringen Sie auf jeden Fall feste Schuhe mit und erkunden Sie *die einmalige Schönheit der Welt der Karibik*.

Viele Länder bieten **kostenlose Wanderungen** mit Führungen an. Hier können Sie den ausgeschilderten Wanderwegen folgen oder sich einem Reiseführer anschließen. Die Wanderwege bieten Ihnen alles: Von Kurzspaziergängen bis zu Ganztagstouren durch schweres Gelände. So können Sie die *Schönheiten der karibischen Inselwelt* erkunden.

Genießen Sie die besondere Pracht der Inseln. Beobachten Sie die **Flamingos** oder lassen Sie sich von den farbenprächtigen und sehr seltenen Vögeln begeistern. Ihr Reiseführer erklärt Ihnen gern die ==exotischen Pflanzen und Tiere==. Nach einer anstrengenden Wanderung können Sie sich angenehm unter einem kühlen Wasserfall erholen.

Wenn Ihnen der Sinn nach Bootserkundungen steht, dann unternehmen Sie eine

Kajakfahrt durch die Mangrovensümpfe

oder sogar auf See. Erleben Sie in einem *Einbaumkanu* die wilden Flussschnellen und die Wasserfälle. Daneben haben Sie aber auch genügend Zeit zum Zelten, Fischen und Klettern. Erkunden Sie aber auch die *Tropfsteinhöhlen*. – In der Kabrik kommt jeder auf seinen Geschmack.

INFORMATION

EINZÜGE – ZEILENABSTÄNDE

Innerhalb eines Dokumentes können Sie den Rand für einen bestimmten Bereich verändern. Das geschieht über das Verändern der Einzüge.

Um den Rand überschreiten zu können, sind Negativeinzüge erforderlich. Das bedeutet, dass Sie vor die cm-Angabe das Minuszeichen setzen (z. B. –1 cm).

Zum Hervorheben können Sie längere Textteile einrücken. Dazu verändern Sie den linken Einzug auf 2,5 cm. Dieses Maß entspricht den Schreib- und Gestaltungsregeln für die Textverarbeitung (DIN 5008).

Neben dem einzeiligen Zeilenabstand haben Sie auch die Möglichkeit, andere Zeilenabstände einzustellen. Sie können den Zeilenabstand auf 1,5 oder 2 oder auf eine genaue Punktzahl festlegen.

Aufgabe

Erfassen Sie den Text. Stellen Sie nachträglich die Schriftart „Verdana", Schriftgrad 10,5, ein. Formatieren Sie den Text wie abgebildet. Verändern Sie die Einzüge und den Zeilenabstand auf 13 pt. Nehmen Sie die manuelle Silbentrennung (Worttrennung) vor und richten Sie den Text im Blocksatz aus.

Dauerauftrag und Lastschrifteinzug

Der bargeldlose Zahlungsverkehr ermöglicht es, den Zahlungsverpflichtungen pünktlich nachzukommen. Wer eine Rechnung zu begleichen hat, kann seiner Bank einen **Überweisungsauftrag** erteilen. Sind regelmäßig und zu einem bestimmten Termin Zahlungen vorzunehmen, ist es sinnvoll, der Bank oder Sparkasse einen Dauerauftrag zu erteilen. Das Kreditinstitut nimmt dann dem Zahlungspflichtigen die Arbeit ab.

> **Daueraufträge** eignen sich für wiederkehrende Zahlungen wie Mieten, Versicherungsbeiträge, Fernsehgebühren usw. Durch den Dauerauftrag vermeidet der Zahlungspflichtige unnötige Zahlungserinnerungen, weil die Zahlung pünktlich erfolgt. Ändert sich aber der Betrag oder der Termin, ist der Dauerauftrag zu ändern.

> Für periodisch wiederkehrende Zahlungen, deren Höhe sich häufig ändert, empfiehlt sich der **Lastschrifteinzug**. Das gilt besonders für Rechnungen über Telefongespräche, Strom, Wasser oder Waren. Der Kontoinhaber ermächtigt den Zahlungsempfänger, den fälligen Betrag vom Konto abzubuchen.

Zum Einzug des Betrages überreicht der Zahlungsempfänger dem Kreditinstitut den *Einziehungsauftrag*. Das Konto des Zahlungspflichtigen wird belastet. Der Zahlungspflichtige sollte prüfen, ob die Summe korrekt abgebucht wurde.

INFORMATION 

RAHMEN – HINTERGRUNDSCHATTIERUNG – INITIAL

Texte können Sie wirkungsvoll umrahmen oder mit Linien versehen. Die Linienart, die Breite und die Farbe wählen Sie nach Ihren Wünschen aus.

Sie können Teile Ihres Textes oder den gesamten Text farblich hinterlegen. Bei der Auswahl der Farben ist es wichtig, dass die Schrift lesbar ist. Das bedeutet, dass bei einer dunklen Hintergrundschattierung eine helle Schrift gewählt werden muss. Ist die Hintergrundschattierung hell, muss die Schrift dunkel sein.

Den ersten Buchstaben eines Absatzes können Sie optisch hervorheben. Ein solch vergrößerter Buchstabe wird als Initial bezeichnet. Sie können den Buchstaben in den Text einbinden oder am Rand anbringen. Die Größe des Buchstabens und den Abstand zum Text legen Sie ebenfalls fest.

Aufgabe

Erfassen Sie den Text. Stellen Sie nachträglich die Schriftart „Trebuchet MS", Schriftgrad 11, ein. Formatieren Sie den Text wie unten abgebildet. Verändern Sie den Zeilenabstand auf 14 pt. Nehmen Sie die manuelle Silbentrennung (Worttrennung) vor und richten Sie den Text im Blocksatz aus.

Der Prokurist

Die **Prokura** ist eine weitgehende Vollmacht. *Sie berechtigt den Prokuristen, den Geschäftsinhaber zu vertreten.* Damit geht die Prokura über eine Handlungsvollmacht hinaus. Der Prokurist kann außergewöhnliche Rechtshandlungen vornehmen, die den normalen Rahmen überschreiten, z. B. Prozesse führen.

Er kann Darlehen aufnehmen oder selbst Handlungsvollmachten erteilen. Der Prokurist kann auch den

Geschäftszweig ändern

oder vor Gericht *Vergleiche schließen*. Auch der Kauf eines Grundstücks gehört zum Handlungsspielraum. Zum Verkauf eines Grundstücks benötigt er eine *Sondervollmacht des Inhabers*.

Der Prokurist ist also **fast uneingeschränkter Stellvertreter des Unternehmers**. Deshalb müssen Prokuristen sehr sorgfältig ausgewählt werden. Fähige Mitarbeiter müssen auch absolut vertrauenswürdig sein. Nur Vollkaufleute können eine Prokura erteilen. Sie wird auch in das Handelsregister eingetragen.

Er ist vorgeschrieben, dass die Bevollmächtigung schriftlich oder mündlich erfolgen muss. *Im Innenverhältnis beginnt die Prokura bereits mit der Ernennung. Im Außenverhältnis wird sie erst mit der Eintragung in das Handelsregister wirksam.* Geschäftspartner müssen natürlich darüber informiert werden.

INFORMATION

NUMMERIERUNG UND AUFZÄHLUNGSZEICHEN

Aufzählungen trennen Sie vom übrigen Text durch je eine Leerzeile. Als Aufzählungsglieder können Sie Ordnungszahlen (Zahlen mit einem Punkt), Kleinbuchstaben mit einer Nachklammer, Mittestriche oder Aufzählungszeichen aus einem Textverarbeitungsprogramm verwenden. Zwischen den Gliederungszeichen und den folgenden Textteilen lassen Sie mindestens ein Leerzeichen. Aufzählungen dürfen Sie auch einrücken. Mit der Einrückung beginnen Sie 2,5 cm vom linken Rand.

Beispiele

```
Externe Speicher:              Druckertypen:

1. Festplatte                  a) Laserdrucker
2. Externe Festplatte          b) Tintenstrahldrucker
3. USB-Stick                   c) Thermodrucker
4. CD oder DVD                 d) Nadeldrucker

Die Diskette hat nur noch eine   Der Nadeldrucker wird oft in
geringe Bedeutung.               Arztpraxen benutzt.
```

Aufgabe

Erfassen Sie den Text. Stellen Sie nachträglich die Schriftart „Arial Unicode MS", Schriftgrad 11, ein. Verändern Sie den Zeilenabstand auf 12,5 pt. Formatieren Sie den Text wie unten abgebildet. Nehmen Sie die manuelle Silbentrennung (Worttrennung) vor und richten Sie den Text im Blocksatz aus.

Der Bildschirmarbeitsplatz

Der Arbeitsplatz muss den neuesten ergonomischen Ansprüchen gerecht werden. Im Einzelnen werden diese Anforderungen an einen Bildschirmarbeitsplatz gestellt:

- **Bildschirm**
  Die auf dem Bildschirm dargestellten Zeichen müssen *scharf, deutlich und ausreichend groß sein sowie einen angemessenen Zeichen- und Zeilenabstand* haben. Das Bild muss stabil und **frei von Flimmern** sein.

- **Tastatur**
  Die Tastatur muss *vom Bildschirm getrennt und neigbar sein*. Sie muss eine reflexionsarme Oberfläche haben. Die Form der Tasten und der Anschlag der Tasten müssen auf eine ergonomische Bedienung der Tastatur ausgerichtet sein. Die Tasten müssen deutlich beschriftet sein und sich vom Untergrund deutlich abheben.

- **Arbeitstisch**
  Der genormte Arbeitstisch sollte 72 cm hoch, 160 cm breit und 80 cm tief sein. Eine Arbeitshöhe von 75 cm darf nicht überschritten werden. Es muss genügend Platz vorhanden sein, um ein *ergonomisches Arbeiten* zu ermöglichen.

INFORMATION 

SEITENHINTERGRUND – WASSERZEICHEN

Als Hintergrund eines Dokumentes können Sie ein Wasserzeichen einfügen.
Dazu eignen sich auch Digitalfotos.

Aufgabe

Erfassen Sie den Text. Stellen Sie nachträglich die Schriftart „Calibri", Schriftgrad 11,5 ein. Formatieren Sie den Text wie unten abgebildet. Nehmen Sie die
manuelle Silbentrennung (Worttrennung) vor. Verändern Sie den Zeilenabstand
auf 13,5 pt. Richten Sie den Text im Blocksatz aus. Fügen Sie das Foto von der
CD als Wasserzeichen ein.

Tipps für Ihren Urlaub

Zum Urlaub sollte man nicht nur die vierzehn Tage oder drei Wochen rechnen, in
denen man dem grauen Alltag tatsächlich entfliehen kann. Praktisch profitieren
wir Wochen vorher und nachher davon. Die Vorfreude und das **Pläneschmieden** sind
vielfach noch schöner als der folgende Urlaub selbst.

Im Urlaub will jeder nur Mensch sein. Er will die Zeit genießen und nur das tun, was
ihm gerade gefällt. Er möchte alles das sehen, hören und erleben, was sich in seiner
Gedankenwelt während der langen Arbeitsmonate vorher angesammelt hat.

Die Ferien sind das *Paradies des modernen Arbeitsmenschen*. Einige Tipps sollen
Ihnen helfen, Enttäuschungen während dieser Zeit zu vermeiden. Das finanzielle
Problem spielt im Urlaub eine wichtige Rolle. Auf keinen Fall sollten Sie während Ihrer
Urlaubszeit über Ihre Verhältnisse leben.

Es ist schon schwer genug, sich nach dem Urlaub wieder in der Alltagsarbeit
zurechtzufinden. Wenn wir dann noch *mit Schulden belastet* an die Arbeit
herangehen, wird sie zur Qual. Unwillkürlich denkt man an die Ferien mit etwas
gemischten Gefühlen zurück. Das ist dann nur verständlich.

In den Ferien wollen wir es einmal gut haben. Aber nicht so gut, um nachher
verschuldet zu sein. Es ist auch ein Fehler, vor *Antritt des Urlaubs noch zu viele
Arbeiten zu erledigen*, Abschiedsbesuche zu machen und mit Prospekten anzugeben.
Ihre Arbeit wird schon ein anderer erledigen.

Für die Bekannten genügt es auch, wenn sie erst nach einer Woche eine Ansichtskarte
erhalten. Sie sollten auch nicht völlig außer Atem in die Ferien fahren, sondern
schon **eine Woche vorher Körper und Geist auf den Urlaub einstellen**. Sonst geht der
Urlaub schneller zu Ende, als wir denken.

INFORMATION

TEXT IN SPALTEN

Texte können Sie in Spalten nebeneinander anordnen. Bei einer zwei- oder dreispaltigen Anordnung haben die Spalten die gleiche Länge. Es ist aber auch möglich, für die Spalten eine unterschiedliche Breite einzustellen. Wenn Sie es wünschen, fügen Sie zwischen den Spalten eine Zwischenlinie ein. Den Abstand zwischen den Spalten können Sie verändern.

Aufgabe

Erfassen Sie den Text. Stellen Sie nachträglich die Schriftart „Tahoma", Schriftgrad 11, ein. Verändern Sie den Zeilenabstand auf 13 pt. Formatieren Sie den Text wie unten abgebildet. Nehmen Sie die manuelle Silbentrennung (Worttrennung) vor und richten Sie den Text im Blocksatz aus.

Der Arbeitsplatz

Unter Ergonomie versteht man die Anpassung von Geräten, Maschinen und Möbeln an den Körper des Menschen. Der Arbeitsplatz muss ergonomischen Ansprüchen genügen. Viele Computeranwender sind körperlich besonders stark beansprucht und klagen über Schmerzen. Die sitzende Arbeitshaltung kann zu Schmerzen in der Schulter, im Nacken, im Rücken und in der Lende führen. Symptome wie Kopfschmerzen, Schmerzen in den Armen und Händen, Knien und Füßen machen sich oftmals bemerkbar. Der richtigen Auswahl der Sitzmöbel kommt daher eine besondere Bedeutung zu.

Die Sicherheitsregeln für Büro- und Bildschirmarbeitsplätze fordern höhenverstellbare Drehstühle oder -sessel. Auch die Abmessungen für die Arbeitstische müssen den ergonomischen Erfordernissen entsprechen. Die Höhe der Tastatur soll so bemessen sein, dass der Benutzer entspannt arbeiten kann.

Ist die Arbeitshöhe zu gering, muss er sich übermäßig stark nach vorn beugen. Bei einer solchen Haltung kommt es oft zu Rückenschmerzen. Wenn eine Tastatur zu hoch angeordnet ist, können schmerzhafte Verkrampfungen auftreten. Eine günstige Sitzhaltung und die richtige Arbeitshöhe wirken vorbeugend. Bei der Bildschirmarbeit soll der Bediener eine bequeme und entspannte Sitzhaltung einnehmen. Dazu zählt auch, dass genügend Platz für die Beine vorhanden ist, damit sie nicht eingeklemmt werden oder Druckstellen bekommen. Durch höhenverstellbare Tische können Sie Ihre Beinraumhöhe verändern.

Der Bildschirm sollte spiegelfrei sein und nicht reflektieren. Alle Zeichen auf dem Bildschirm müssen gut lesbar sein. Zwischen den Augen und der Vorlage sowie zwischen den Augen und dem Bildschirm sollte der gleiche Sehabstand sein.

729016

INFORMATION 

Um an einem ausgedruckten Text nachträglich Veränderungen vornehmen zu können, müssen die Korrekturen auf dem Text eindeutig gekennzeichnet sein. Zu diesem Zweck verwenden Sie die Korrekturzeichen nach DIN 16511.

Korrekturart	Beispiel	Zeichen
Buchstaben		
falsch	Korrigieren Sie rechtig.	
mehrere	Korregieren sie richtih.	
überflüssig	Korrrigieren Sie richtig.	
fehlend	Korrigren Sie richtig.	
verstellt	Korrigeiren Sie richtig.	
Wörter		
überflüssig	Korrigieren Sie richtig.	
fehlend	Korrigieren richtig.	
verstellt	Korrigieren richtig Sie.	
Zwischenräume		
fehlend	Korrigieren Sierichtig.	
überflüssig	Korrektur zeichen	
weit	Korrigieren Sie richtig.	
Silbentrennung	Korr- igieren	
Absatz		
fehlend	... Sie. Beachten Sie ...	
anhängen	Bis zum 15. d. M. können wir Sie beliefern. Bestellen Sie recht bald.	
Zeilenabstände		
zu groß	Korrigieren Sie richtig. Korrigieren Sie richtig.	
zu klein	Korrigieren Sie richtig. Korrigieren Sie richtig.	
Hervorhebungen	Korrigieren Sie richtig.	fett

AUFGABEN ZU DEN AUTORENKORREKTUREN

Aufgabe

1. Erfassen Sie den Text in der ursprünglichen Fassung. Führen Sie die Korrekturen erst aus, nachdem Sie den Text vollständig erfasst haben.
2. Setzen Sie nachträglich die Überschrift „Hamburg – das Tor zur Welt" ein. Versehen Sie die Überschrift mit einem farbigen doppelten Rahmen. Verändern Sie den Schriftgrad auf 14 und zentrieren Sie die Überschrift.
3. Stellen Sie für den Text die Schriftart Verdana, Schriftgrad 10, ein.
4. Fügen Sie als Wasserzeichen das Bild von Hamburg von der CD ein.
5. Stellen Sie den Zeilenabstand auf 18 pt.
6. Wählen Sie für den 1. Buchstaben eines Absatzes jeweils einen größeren Buchstaben (Initial), Initialhöhe 2.
7. Nehmen Sie die manuelle Silbentrennung (Worttrennung) vor.
8. Stellen Sie für den Text Blocksatz ein.

Wirtschaftlich und kulturell ist Hamburg ~~auch~~ das Zentrum ~~ganz~~ Norddeutschlands. In der Metropolregion Hamburg leben 3,5 Millionen Menschen - für sie ist Hamburg Einkaufs- und Kulturmetropole.

Hamburg ist seit über 100 Jahren Millionenstadt. Der Hafen macht aus Hamburg das Tor zur Welt. Hamburg ist eine Weltstadt - vielfältig und spektakulär.

Die Freie und Hansestadt Hamburg ist mit 1,7 Millionen Einwohnern die zweitgrößte Stadt Deutschlands und eines der 16 Bundesländer der Bundesrepublik Deutschland. Hamburg ist also sowohl Stadt als auch Staat.

Das Stadtgebiet ist mit 755 Quadratkilometern siebenmal größer als Paris und zweieinhalbmal größer als London.

~~Deswegen~~ verfügt Hamburg über eine besonders hohe Lebens- und Wohnqualität. Mit 30 Quadratmetern Wohnfläche pro Person hat Hamburg die größte durchschnittliche Wohnfläche aller Großstädte der Welt. Allein 14 % des Stadtgebiets sind Grün- und Erholungsflächen.

Hamburg hat 2302 Brücken, mehr als Venedig und Amsterdam zusammen. Mit über 90 Konsulaten steht Hamburg nach New York an zweiter Stelle in der Welt.

Nach www.hamburg.de

Lösung

Hamburg – das Tor zur Welt

Wirtschaftlich und kulturell ist Hamburg das Zentrum Norddeutschlands. In der Metropolregion Hamburg leben zurzeit 3,5 Millionen Menschen – für sie ist Hamburg **Einkaufs- und Kulturmetropole**. Hamburg ist seit über 100 Jahren Millionenstadt.

Der Hafen macht aus Hamburg das *Tor zur Welt*. Hamburg ist eine Weltstadt – vielfältig und spektakulär. Die Freie und Hansestadt Hamburg ist mit

1,7 Millionen Einwohnern

die zweitgrößte Stadt Deutschlands und eines der 16 Bundesländer der Bundesrepublik Deutschland. Hamburg ist also sowohl Stadt als auch Staat. Das Stadtgebiet ist mit 755 Quadratkilometern siebenmal größer als Paris und zweieinhalbmal größer als London.

Hamburg verfügt über eine besonders hohe Lebens- und Wohnqualität. Mit 30 Quadratmetern Wohnfläche pro Person hat Hamburg die größte durchschnittliche Wohnfläche aller Großstädte der Welt. *Allein 14 % des Stadtgebiets sind Grün- und Erholungsflächen.*

Hamburg hat **2 302 Brücken**, mehr als Venedig und Amsterdam zusammen. Mit über **90 Konsulaten** steht Hamburg nach New York an zweiter Stelle in der Welt.

Aufgabe

1. Erfassen Sie den Text in der ursprünglichen Fassung. Führen Sie die Korrekturen erst aus, nachdem Sie den Text vollständig erfasst haben.
2. Setzen Sie nachträglich die Überschrift „Die Öresundbrücke – ein gigantisches Bauwerk" ein. Verwenden Sie eine WordArt-Grafik.
3. Stellen Sie für den Text die Schriftart Tahoma, Schriftgrad 11, ein.
4. Fügen Sie in den Text das Bild von der CD als Wasserzeichen ein.
5. Stellen Sie den Zeilenabstand auf 19 pt.
6. Wählen Sie für den 1. Buchstaben eines Absatzes jeweils einen größeren Buchstaben (Initial), Initialhöhe 2.
7. Nehmen Sie die manuelle Silbentrennung (Worttrennung) vor.
8. Stellen Sie für den Text Blocksatz ein.

Die Öresundbrücke verbindet die Insel Seeland (Dänemark) und Südschweden durch eine Autobahn- und Schienentrasse miteinander. Über die 16 km lange Brücke gelangen Sie von Kopenhagen nach Malmö.

Die 204 m hohen Pylonen mit den Schrägseilen sind ein grandioser Blickfang. Die Hochbrücke ist eine einfache, äußerst stabile Schrägseilkonstruktion mit eindrucksvollen Pylonen. Sie ist die größte Schrägseilbrücke der Welt.

Aus ausgebaggertem Bodenschlamm entstand (während der Brückenarbeiten) die künstliche Insel Peberholm. Die Konturen der Insel, mit ihren konkaven Linien und abgerundeten Landzungen, sind nicht von ungefähr. Teils durfte die Wasserströmung im Öresund nicht gefährdet werden, teils sollte Harmonie zwischen Inselkontur und Autobahntrasse bestehen, die sich in einer schwachen S-Kurve über die Insel schlängelt.

Der Öresundtunnel ist der größte Senkkastentunnel der Welt. Er besteht aus 20 abgesenkten Tunnelteilstücken, die auf dänischer Seite hintereinander platziert wurden.

Natürlich ist die Fahrt über die Öresundbrücke nicht kostenlos. Autofahrer, die die Brücke benutzen, müssen Maut entrichten.

Lösung

Die Öresundbrücke – ein gigantisches Bauwerk

Die Öresundbrücke verbindet die Insel Seeland (Dänemark) und Südschweden durch eine **Autobahn- und Schienentrasse**. Über die 16 km lange Brücke gelangen Sie von *Kopenhagen* nach *Malmö*.

Die 204 m hohen Pylonen mit den Schrägseilen sind ein grandioser Blickfang. Die Hochbrücke ist eine einfache, äußerst stabilie

Schrägseilkonstruktion mit eindrucksvollen Pylonen.

Sie ist die **größte Schrägseilbrücke der Welt**.

Aus ausgebaggertem Bodenschlamm entstand die künstliche Insel *Peberholm*. Die Konturen der Insel mit ihren konkaven Linien und abgerundeten Landzungen sind nicht zufällig entstanden. Einerseits durfte die Wasserströmung im Öresund nicht gefährdet werden, andererseits sollte Harmonie zwischen Inselkontur und Autobahntrasse bestehen.

Der Öresundtunnel ist der größte **Senkkastentunnel der Welt**. Er besteht aus 20 abgesenkten Tunnelteilstücken, die auf dänischer Seite hintereinander platziert wurden.

Natürlich ist die Fahrt über die Öresundbrücke nicht kostenlos. Autofahrer, die die Brücke benutzen, müssen *Maut entrichten*.

Aufgabe

1. Erfassen Sie den Text in der ursprünglichen Fassung. Führen Sie die Korrekturen erst aus, nachdem Sie den Text vollständig erfasst haben.
2. Setzen Sie nachträglich die Überschrift „900 Jahre Stadt Oldenburg" ein. Zentrieren Sie die Überschrift und versehen Sie diese mit einer gelben Hintergrundschattierung. Die Schriftgröße verändern Sie auf 17, Schriftfarbe Rot.
3. Stellen Sie für den Text die Schriftart Calibri, Schriftgrad 11, Schriftfarbe Blau, ein.
4. Fügen Sie das Bild von der CD als Wasserzeichen ein.
5. Nehmen Sie die manuelle Silbentrennung (Worttrennung) vor.
6. Stellen Sie den Zeilenabstand auf 15 pt.
7. Stellen Sie für den Text Blocksatz ein.

Die Geschichte Oldenburgs beginnt nach den Ergebnissen archäologischer Ausgrabungen im 7. oder 8. Jahrhundert n. Chr. Am heutigen Marktplatz sowie nördlich und östlich davon entsteht eine bäuerliche Siedlung. Im Jahr 1108 wird der Ort unter dem Namen Aldenburg erstmals urkundlich erwähnt. Im 12. Jahrhundert nutzen die Grafen von Oldenburg die günstige topographische Situation zum Bau einer Wasserburg.

Der Graf erhebt einen Zoll, kann in Kriegszeiten diesen Durchgang aber auch versperren. Die Burg ist aber nicht nur Durchgangsstation für Reisende, sondern auch Verwaltungsmittelpunkt der Grafschaft, und ihr Umland wird für viele Angehörige der Verwaltung bald zum Zuhause. 1345 bekommt die Siedlung, die mittlerweile Oldenburg heißt, von Graf Konrad I. von Oldenburg Bremisches Stadtrecht. Sie erhält eine bessere Befestigung, der Graf sorgt für Schutz vor Räubern, und es geht wirtschaftlich aufwärts. 1448 wird Graf Christian von Oldenburg König von Dänemark. 1603 beginnt die Regierungszeit von Graf Anton Günther.

Er lässt einen Teil der Burg im Barockstil umbauen und beginnt mit der Zucht von Pferden, die als „Oldenburger Pferde" schon bald in aller Welt begehrt sind.

Nach www.wikipedia.de, 16. September 2008

Lösung

900 Jahre Stadt Oldenburg

Die Geschichte Oldenburgs beginnt nach den Ergebnissen archäologischer Ausgrabungen im **7. oder 8. Jahrhundert n. Chr.** Am heutigen Marktplatz sowie nördlich und östlich davon entsteht eine bäuerliche Siedlung.

Im Jahr 1108 wird der Ort unter dem Namen *Aldenburg* erstmals urkundlich erwähnt. Im 12. Jahrhundert nutzen die Grafen von Oldenburg die günstige topographische Situation zum *Bau einer Wasserburg*.

Der Graf erhebt einen Zoll, kann in Kriegszeiten diesen Durchgang aber auch versperren. Die Burg ist aber nicht nur *Durchgangsstation für Reisende*, sondern auch **Verwaltungs-mittelpunkt** der Grafschaft, und ihr Umland wird für viele Angehörige der Verwaltung bald zum Zuhause.

1345 bekommt die Siedlung, die mittlerweile Oldenburg heißt, von Graf Konrad I. von Oldenburg **Bremisches Stadtrecht**. Sie erhält eine bessere Befestigung, der Graf sorgt für Schutz vor Räubern, und es geht wirtschaftlich aufwärts. 1448 wird Graf Christian von Oldenburg König von Dänemark.

1603 beginnt die Regierungszeit von Graf Anton Günther. Er lässt einen Teil der Burg im Barockstil umbauen und beginnt mit der Zucht von Pferden, die als „Oldenburger Pferde" schon bald in aller Welt begehrt sind.

INFORMATION

TABELLEN

Tabellenköpfe gliedern Sie durch waagerechte und senkrechte Linien übersichtlich. Die Spaltenüberschriften im Tabellenkopf – mit Ausnahme der Vorspalte – zentrieren Sie.

Waagerechte Linien sollten Sie nur über den Summenzeilen und zur Gruppierung verwenden. Durch zeilenweise Hintergrundschattierungen erhöhen Sie die Lesbarkeit der Tabelle.

Felder beschriften Sie in einem Mindestabstand von 1 mm zur senkrechten Linie. Zwischen Text- und Feldbegrenzung sollte oben und unten ein gleichmäßiger Zeilenabstand sein. Texte in Feldern richten Sie linksbündig, Zahlen hingegen rechtsbündig aus.

Serifenschriften, z. B. Times New Roman, sollten Sie in Tabellen nicht verwenden, weil sie nicht gut lesbar sind.

Aufgabe

Erfassen Sie die Tabelle und formatieren Sie diese wie unten abgebildet. Beachten Sie die Zahlengliederung.

Skandinavische Länder mit Hauptstädten und Einwohnerzahlen

Land	Hauptstadt	Einwohner
Dänemark	Kopenhagen	5 552 032
Finnland	Helsinki	5 279 228
Norwegen	Oslo	4 681 100
Schweden	Stockholm	9 131 425

Anschriftenverzeichnis

Name	Vorname	Straße	PLZ	Ort	Telefon
Abel	Elvira	Brunnenstraße 15	06846	Dessau	0340 34533
Brunner	Martin	Am Sandfeld 3	90768	Fürth	0911 45367
Dose	Katja	Braunlager Weg 15	22459	Hamburg	040 563453
Emmerich	Thomas	Bornholmer Weg 25	30457	Hannover	0511 2345733
Friedrich	Anke	Raiffeisenstraße 8	45701	Herten	02366 639367
Gebhard	Silvia	Isselburger Straße 7	50733	Köln	0221 8734432

In Tabellenzellen können Sie die Textrichtung verändern, z. B. für die Spalte vor der Tabelle.

Aufgabe

Erfassen Sie die Tabelle und formatieren Sie diese wie unten abgebildet. Beachten Sie die Zahlengliederung.

Bundesländer im Vergleich	Bundesland	Fläche		Einwohner		Einwohner je km²
		Land km²	Deutschland %	Land	Deutschland %	
	Baden-Württemberg	35 751	10,01	10 661 320	12,92	293
	Bayern	70 594	19,76	12 387 351	15,01	175
	Niedersachsen	47 616	13,34	7 980 474	9,67	166
	Nordrhein-Westfalen	34 082	9,55	18 076 355	21,90	530
	Rheinland-Pfalz	19 846	5,56	4 057 727	4,92	204
	Sachsen	18 413	5,16	4 349 059	5,27	238

Aus www.deutschland-auf-einen-blick.de, 29. Dezember 2008

Aufgabe

Erstellen Sie eine Tabelle aus den folgenden Informationen. Wählen Sie die Spaltenbezeichnungen und gestalten Sie die Tabelle normgerecht.

Bevölkerung nach Altersgruppen und Geschlecht im Jahre 2005

```
Altersgruppe < 10 – Männer in Tsd. 3 867,1 – Prozentanteil Männer
51,3 – Frauen in Tsd. 3 672,3 – Prozentanteil Frauen 48,7
Altersgruppe 10 bis 19 – Männer in Tsd. 4 588,3 – Prozentanteil Männer
51,3 – Frauen in Tsd. 4 358,0 – Prozentanteil Frauen 48,7
Altersgruppe 20 bis 29 – Männer in Tsd. 4 920,6 – Prozentanteil Männer
50,7 – Frauen in Tsd. 4 785,3 – Prozentanteil Frauen 49,3
Altersgruppe 30 bis 39 – Männer in Tsd. 5 973,4 – Prozentanteil Männer
51,1 – Frauen in Tsd. 5 720,9 – Prozentanteil Frauen 48,9
Altersgruppe 40 bis 49 – Männer in Tsd. 6 912,4 – Prozentanteil Männer
51,1 – Frauen in Tsd. 6 626,6 – Prozentanteil Frauen 48,9
Altersgruppe 50 bis 59 – Männer in Tsd. 5 227,7 – Prozentanteil Männer
49,9 – Frauen in Tsd. 5 245,3 – Prozentanteil Frauen 50,1
Altersgruppe 60 bis 69 – Männer in Tsd. 4 861,8 – Prozentanteil Männer
48,4 – Frauen in Tsd. 5 182,6 – Prozentanteil Frauen 51,6
Altersgruppe 70 bis 79 – Männer in Tsd. 2 946,2 – Prozentanteil Männer
43,2 – Frauen in Tsd. 3 868,7 – Prozentanteil Frauen 56,8
Altersgruppe 80 bis 89 – Männer in Tsd. 902,9 – Prozentanteil Männer
29,4 – Frauen in Tsd. 2 173,2 – Prozentanteil Frauen 70,6
Altersgruppe > 90 – Männer in Tsd. 139,7 – Prozentanteil Männer
23,1 – Frauen in Tsd. 465,0 – Prozentanteil Frauen 76,9
```

INFORMATION

TABSTOPPS

In manchen Fällen empfiehlt es sich, Tabstopps zu setzen, um bestimmte Positionen innerhalb einer Zeile mit der Tab-Taste ansteuern zu können. Auch bei nachträglichen Formatierungen bleibt diese Position im Text bestehen.

In einem Abstand von 1,25 cm sind bereits standardmäßig Tabstopps gesetzt. Ihre gewünschten Tabstopps geben Sie in dem entsprechenden Register oder Menü ein. Gesetzte Tabstopps zeigt das Zeilenlineal an.

Bei der Ausrichtung der Tabstopps haben Sie die Möglichkeit, zwischen linksbündiger, zentrierter, rechtsbündiger oder dezimaler Ausrichtung zu wählen. Die Leerräume zwischen den Spalten können Sie durch Striche oder Punkte auffüllen. Hierzu klicken Sie die gewünschten Füllzeichen an.

Aufgabe

Erfassen Sie eine Aufstellung mit Tabstopps, bedienen Sie am Zeilenende die Return- oder Entertaste.

Zum Setzen der Tabstopps mit der Maus im Lineal führen Sie den Mauszeiger auf die gewünschte Position und klicken die linke Maustaste an. Sie legen die Ausrichtung der Tabstopps fest, indem Sie das Ausrichtungssymbol vor dem Lineal anklicken.

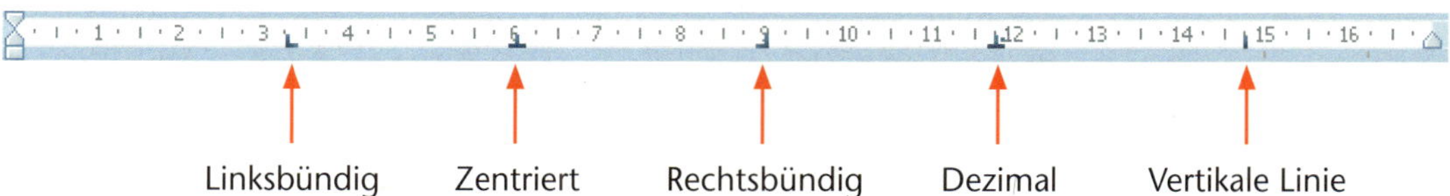

Zum Löschen der Tabstopps mit der Maus führen Sie den Mauszeiger in das Lineal. Sie klicken die linke Maustaste an, halten sie fest und ziehen das Symbol des Tabstopps aus dem Lineal heraus.

Aufgabe

Erfassen Sie das Inhaltsverzeichnis und gestalten Sie es wie unten abgebildet.

Abschnitt	Inhalt	Seite
1	Hardware	2
1.1	Zentraleinheit	3
1.1.1	Hauptspeicher.	4
1.1.2	Prozessor.	5
1.2	Externe Speicher	7
1.2.1	Festplatte	8
1.2.2	Externe Festplatte	9
1.2.3	CD oder DVD	10
1.2.4	USB-Stick	11
1.3	Bildschirme.	12
1.3.1	Röhrenbildschirme	13
1.3.2	Flachbildschirme	14

INFROMATION

GUTE FORMULIERUNGEN WÄHLEN

Geschäftsbriefe sind das „Aushängeschild eines Unternehmens". Darum kommt dem Formulieren und Gestalten eines Geschäftsbriefes eine große Bedeutung zu. Ein ansprechender Brief ist die beste Werbung für ein Unternehmen.

Wählen Sie Formulierungen, die den Empfänger ansprechen

Wer heute Kunden gewinnen will, muss sie umwerben. Das bedeutet, dass Sie Ihre Formulierungen so wählen, dass sich der Kunde angesprochen fühlt. Fassen Sie Ihre Geschäftsbriefe persönlich, freundlich, prägnant und informativ ab. Denken Sie daran, dass jeder Geschäftsbrief ein Werbebrief für Ihr Unternehmen ist. Eine nachhaltige Wirkung erzielen Sie beim Empfänger, wenn Sie ihn persönlich ansprechen. Wenn ein Unternehmen nur die eigenen Produkte anpreist und nur das Unternehmen herausstellt, ohne auf den Empfänger einzugehen, wird er sich nicht angesprochen fühlen. Wählen Sie aber empfängerbezogene Formulierungen, indem Sie den Empfänger persönlich mit „Sie" und „Ihnen" anreden, wird er sich mit dem Inhalt Ihres Briefes näher befassen und weiterlesen. Es ist psychologisch auch ungünstig, Sätze mit „wir" oder „unser" zu beginnen. Gerade in Werbebriefen ist es wichtig, beim Empfänger Interesse zu wecken. Der Einleitung Ihres Briefes kommt eine besondere Bedeutung zu. Bedenken Sie immer: Nicht Ihr Unternehmen steht im Vordergrund, sondern der Kunde. Verwenden Sie darum kundenorientierte Formulierungen.

Überzeugen Sie durch Argumente

Überzeugen Sie den Empfänger durch Argumente. Das übertriebene Anpreisen von Produkten führt oft nicht zum gewünschten Erfolg. Ist der Empfänger von den Vorzügen eines Artikels überzeugt, wird er ihn auch kaufen.

Formulieren Sie kurz und verständlich

Der Empfänger sollte Ihre Sätze gleich verstehen, ohne lange über den Inhalt nachdenken zu müssen. „Bandwurmsätze" sollten Sie vermeiden. Formulieren Sie nach Möglichkeit so, wie Sie sprechen. Vermeiden Sie in einem Satz mehrere Einschübe, weil der Satz dadurch unverständlich wird. Dazu dieses Beispiel: „Auf unser Schreiben, das wir Ihnen in der vergangenen Woche zugesandt haben und in dem wir darum gebeten haben, uns sofort zu informieren, erhielten wir bisher keine Antwort." Besser klingt der Satz so: „Auf unser Schreiben haben Sie bisher noch nicht geantwortet. Wir baten Sie darum, uns sofort zu informieren."

Verzichten Sie auf Nomen

Ein Geschäftsbrief mit vielen Nomen (Hauptwörtern) wirkt bürokratisch und schwerfällig. Ersetzen Sie die Nomen durch Verben, wirkt Ihr Briefstil flüssiger. Die meisten Wörter mit der Nachsilbe „-ung" können Sie durch Verben ersetzen.

Setzen Sie doch beispielsweise für „Beratung", „Mahnung" und „Prüfung" die Verben „beraten", „mahnen" und „prüfen" ein. So wirkt Ihr Brief lebendig und ist außerdem besser verständlich.

Ersetzen Sie Hilfsverben durch Vollverben

Verzichten Sie auf die Hilfsverben „würde", „könnte" und „möchte". Dazu einige Beispiele: „Für Ihre Anfrage möchten wir uns bei Ihnen bedanken." – „Über eine positive Antwort würden wir uns freuen." Sagen Sie doch konkret: „Für Ihre Anfrage danken wir Ihnen." – „Über eine positive Antwort freuen wir uns."

Gliedern Sie Ihren Geschäftsbrief

Gliedern Sie Ihren Geschäftsbrief in drei Teile. Beginnen Sie mit einer interessanten Einleitung, formulieren Sie den Hauptteil präzise und verständlich. Wählen Sie einen ansprechenden Schlusssatz.

Bauen Sie den Brief logisch auf

Bauen Sie Ihren Brief nach logischen Gesichtspunkten auf. Fassen Sie inhaltlich zusammengehörige Sätze in einem Absatz zusammen. Was zusammengehört, sollten Sie nicht auseinanderreißen. Das ist wichtig für das Verstehen eines Textes.

Beachten Sie den Satzbau

Je nachdem, wo ein Wort innerhalb des Satzes steht, wird es unterschiedlich betont. Die Aufmerksamkeit des Lesers ist auf den Satzanfang gerichtet. Darum ist es wichtig, dass Sie das Wort, das Sie betonen wollen, an den Satzanfang stellen. Dazu diese Beispiele: „Wir haben Sie schon mehrfach daran erinnert, uns frühzeitig zu informieren." – „Schon mehrfach haben wir Sie daran erinnert, uns frühzeitig zu informieren."

Formulieren Sie auch Fragesätze

Wollen Sie Ihren Brief lebendiger gestalten, dann formulieren Sie nicht nur Aussagesätze, sondern auch Fragesätze. Verfolgen Sie mit Ihren Formulierungen ein bestimmtes Ziel, dann stellen Sie Fragen, die der Empfänger bejahen muss. Wenn der Empfänger einer Frage zustimmt, zeigt er Interesse und liest den Brief weiter. Ihre Formulierungen entscheiden über den Erfolg. Seien Sie darum bei Ihrer Wortwahl psychologisch geschickt.

Versetzen Sie sich in die Lage des Empfängers

Haben Sie den Brief vollständig verfasst, dann lesen Sie ihn noch einmal durch. Versetzen Sie sich dabei in die Lage des Empfängers. Fragen Sie sich, wie Sie als Empfänger des Briefes auf Ihre eigenen Formulierungen reagieren. Empfinden Sie Ihre Wortwahl negativ, sollten Sie den Brief noch einmal stilistisch überarbeiten.

Vorlagen für Geschäftsbriefe

- Bei den Vorlagen für Geschäftsbriefe mit einem Informationsblock wird zwischen zwei Formen unterschieden:

Benennung	Hochgestelltes Anschriftfeld Form A	Tiefgestelltes Anschriftfeld Form B
Briefkopf	2,7 cm	4,5 cm
Feld für Rücksendeangabe	0,5 cm	0,5 cm
Beginn der Zusatz- und Vermerkzone	3,2 cm	5,0 cm

Beim Informationsblock gibt es zwei Formen: den Standardinformationsblock und den gestalteten Informationsblock.

- -

Standardinformationsblock mit hochgestelltem Anschriftfeld (Form A) ohne Rücksendeangabe

Briefkopf 2,7 cm hoch

Euro-Computer AG

Feld für die Rücksendeangabe 0,5 cm hoch

Beginn Informationsblock: 10 cm vom linken Rand
3,2 cm von der oberen Blattkante

Zusatz- und Vermerkzone

Anschriftzone

Höhe des gesamten Anschriftfeldes: 4 cm
Breite des Anschriftfeldes: 8,5 cm

Ihr Zeichen:
Ihre Nachricht vom:
Unser Zeichen:
Unsere Nachricht vom:

Name:
Telefon:
Telefax:
E-Mail:

Datum:

- -

Gestalteter Informationsblock mit hochgestelltem Anschriftfeld (Form A) ohne Rücksendeangabe

Feld für die Rücksendeangabe 0,5 cm hoch

Beginn Informationsblock: 10 cm vom linken Rand
3,2 cm von der oberen Blattkante

Zusatz- und Vermerkzone

Anschriftzone

Höhe des gesamten Anschriftfeldes: 4 cm
Breite des Anschriftfeldes: 8,5 cm

Ihr Sachbearbeiter:
Abteilung:

Telefon:
Telefax:
E-Mail:
Internet:

Datum:

Für die Leitwörter des gestalteten Informationsblockes verwenden Sie eine kleinere Schriftgröße. Leitwörter dürfen Sie bei dieser Form des Informationsblockes ergänzen, weglassen oder verändern. Die Angaben gruppieren Sie durch Leerzeilen.

Beschriftung des Standardinformationsblockes

Die Leitwörter des Informationsblockes stehen in einer Vorlage für den Geschäftsbrief rechts neben dem Anschriftfeld. Sie sind in einer Fluchtlinie untereinander aufzuführen und beginnen 10 cm vom linken Rand. Von der oberen Blattkante lassen Sie bei einer Vorlage mit hochgestelltem Anschriftfeld (Form A) einen Abstand von 3,2 cm und beim tiefgestellten Anschriftfeld einen Abstand von 5 cm.

Vor den Leitwörtern „Name" und „Datum" lassen Sie eine Leerzeile.

In DIN 5008 (Schreib- und Gestaltungsregeln für die Textverarbeitung) ist festgelegt, wie die Vorlage des Geschäftsbriefes A4 zu beschriften ist. Die Anschrift, die Leitwörter des Informationsblockes und die Angaben haben die gleiche Schriftart und Schriftgröße wie der übrige Brief.

Nach dem Doppelpunkt des jeweiligen Leitwortes lassen Sie bis zu den Angaben einen Abstand von einem Leerzeichen.

Nach dem Datum lassen Sie einen Abstand von zwei Leerzeilen bis zum folgenden Betreff. Den Betreff dürfen Sie durch Fettschrift und/oder Farbe hervorheben. Bis zur folgenden Anrede bleiben ebenfalls zwei Leerzeilen.

Vordruck für den Standardinformationsblock mit hochgestelltem Anschriftfeld (Form A) ohne Rücksendeangabe

Feld für die Rücksendeangabe — 10 cm vom linken Rand – 3,2 cm von der oberen Blattkante

Immobilienservice
Winter & Schulz GmbH
Herrn Klaus Winter
Postfach 52 49 29
60325 Frankfurt am Main

Ihr Zeichen: do
Ihre Nachricht: 20..-05-10
Unser Zeichen: ga
Unsere Nachricht:

Name: Katja Gansel
Telefon: 089 2950-115
Telefax: 089 2950-120
E-Mail: info@immo-winter-wvd.de
Internet: www.immo-winter-wvd.de

Datum: 20..-05-21

Grundstück für ein Verkaufslager

Guten Tag Herr Winter,

Vordruck für den gestalteten Informationsblock moderner Art mit hochgestelltem Anschriftfeld (Form A) ohne Rücksendeangabe

Feld für die Rücksendeangabe — 10 cm vom linken Rand – 3,2 cm von der oberen Blattkante

Elektrotechnik
Hans Petermann OHG
Nelkenstraße 25
47800 Krefeld

Ihr Sachbearbeiter: Thomas Berger
Abteilung: Verkauf

Telefon: 089 9950-112
Telefax: 089 9950-102
E-Mail: thomas.berger@euro-computer-wvd.com
Internet: www.euro-computer-wvd.com

Datum: 20..-05-15

Angebot über Rasenmäher

Sehr geehrte Damen und Herren,

Für die Leitwörter des gestalteten Informationsblockes verwenden Sie eine kleinere Schriftgröße. Die Angaben ordnen Sie in einer Fluchtlinie untereinander an. Sie haben die gleiche Schriftart und -größe wie der übrige Brief. Für die E Mail-Adresse und Internetadresse dürfen Sie eine kleinere Schriftgröße verwenden, mindestens jedoch 8 Punkt.

Anschriftfelder

Um die Postzustellung zu vereinfachen, wurde in das Anschriftfeld ist ein Feld für die Rücksendeangabe aufgenommen, das über den übrigen Zeilen des Anschriftfeldes steht. Die Rücksendeangabe kann auch in das Anschriftfeld integriert sein.

Anschriftfeld ohne Rücksendeangabe

Die Aufschrift des Anschriftfeldes wird aufgeteilt in eine Zusatz- und Vermerkzone sowie eine Anschriftzone vor. Es ist 4 cm hoch und 8,5 cm breit. Über dem Anschriftfeld kann ein 0,5 cm großes Feld für die Rücksendeangabe angebracht sein. Es gehört nicht zum Anschriftfeld.

1	Feld für die Rücksendeangabe
3	
2	Zusatz- und Vermerkzone – 1,27 cm hoch
1	
1	
2	
3	Anschriftzone – 2,73 cm hoch
4	
5	
6	

Über dem neunzeiligen Anschriftfeld ist ein Feld für eine Rücksendeangabe eingefügt worden. Das Anschriftfeld besteht in dieser Form weiterhin aus neun Zeilen. Für die Angaben im Anschriftfeld verwenden Sie die gleiche Schriftart und -größe wie für den übrigen Geschäftsbrief.

Die Rücksendeangabe in dem entsprechenden Feld schreiben Sie in einer Schriftgröße von 8 Punkt. Sie hat eine kleinere Schrift als die übrigen Angaben im Anschriftfeld. In Ausnahmefällen verwenden Sie die 6-Punkt-Schrift als Mindestschriftgröße.

Wenn Sie für die Anschrift mehr als drei Zeilen in der Zusatz- und Vermerkzone und mehr als sechs Zeilen in der Anschriftzone benötigen, dürfen Sie auch den Platz der jeweils anderen Zone nutzen. Sollte der Platz nicht ausreichen, reduzieren Sie die Schriftgröße. 8 Punkt dürfen Sie aber nicht unterschreiten. Bei kleineren Schriftgrößen als 10 Punkt bevorzugen Sie serifenlose Schriften, z. B. Arial oder Verdana.

Anschriftfeld mit integrierter Rücksendeangabe

Das Feld ist 4,5 cm hoch. Rücksendeangabe und Zusatz- und Vermerkzone sind zu einer Zone zusammengefügt. Das Anschriftfeld besteht aus 11 Zeilen.

5	
4	
3	Zusatz- und Vermerkzone mit Rücksendeangabe
2	1,77 cm hoch
1	
1	
2	
3	Anschriftzone
4	2,73 cm hoch
5	
6	

Die Rücksendeangabe behandeln Sie wie die übrigen Zusätze und Vermerke, z. B. „Nicht nachsenden", Einschreiben" oder elektronische Frankiervermerke. In der Zusatz- und Vermerkzone mit Rücksendeangabe verwenden Sie eine kleinere Schriftgröße. Die Postanschrift des Absenders darf auch in der Zusatz- und Vermerkzone mit Rücksendeangabe stehen. Sie steht dann ohne Leerzeile über dem Zusatz, dem Vermerk, der Rücksendeangabe oder über der Anschriftzone.

Personenanschriften

Ohne Zusätze und Vermerke beginnen Sie die Anrede in der 1. Zeile der Anschriftzone. Berufs- oder Amtsbezeichnungen stehen hinter der Anrede. Akademische
Grade (z. B. Dr., Dipl.-Ing., Dipl.-Kfm.) setzen Sie vor den Namen. Der akademische Grad „M. A." (Magister Artium) oder Bachelorgrade stehen hinter
dem Namen. Für die Straßenbezeichnung ist im Allgemeinen die 3. Zeile der
Anschriftzone vorgesehen, während Sie für die Postleitzahl und den Wohnort die
4. Zeile verwenden.

```
3  .                              .
2  .                              .
1  .                              .
1  Frau                          Herrn Regierungsrat
2  Stefanie Müller              Dr. Thomas Fischer
3  Beethovenplatz 15            Marburger Straße 25
4  56068 Koblenz                10789 Berlin
5  .                              .
6  .                              .
```

Ist der Empfänger nicht der Wohnungsinhaber, setzen Sie den Namen des
Wohnungsinhabers unter den Namen des Empfängers. – Für Stockwerkangaben
verwenden Sie römische Zahlen. Davor stehen zwei Schrägstriche, die Sie durch
Leerzeichen abtrennen.

```
3  .                              .
2  .                              .
1  .                              .
1  Frau                          Herrn
2  Nicole Peters                Dipl.-Kfm. Frank Schneider
3  Otto-Dix-Ring 98 // III      bei Klockenhagen
4  01219 Dresden                Heinrich-Heine-Straße 7
5  .                            09131 Chemnitz
6  .                              .
```

Ist eine Produktangabe aufzunehmen, steht diese in der 3. Zeile der Zusatz-
und Vermerkzone. Sind Produkte und andere Informationen aufzunehmen,
verwenden Sie die Zeilen 2 und 3.

```
3  .                            .
2  .                            |||| | ||||||||
1  Infopost                     Einschreiben
1  Frau                         Herrn Apotheker
2  Renate Neumann M. A.         Dr. Sven Groneberg
3  Stellinger Weg 28 // W 7     Werderstraße 5
4  20255 Hamburg                28199 Bremen
5  .                            .
6  .                            .
```

Aufgabe: *Ordnen und gestalten Sie diese Anschriften normgerecht:*

07552 Gera – Eva Schönberger – Einschreiben Einwurf – Frau – Am Hausberg 43
Herrn – 22143 Hamburg – Direktor – Ludger Abel – Eigenhändig – Babenstieg 83
Geschäftsführerin – Lärchenweg 39 – Frau – Tanja Bröker – 85049 Ingoldstadt
Sauerlandstraße 10 – Herrn – 49809 Lingen – Dr. – Heinz Brinkmann – bei Schulz
80797 München – Persönlich – Ina Friedrich – Cranachstraße 128 – Frau

Unternehmensanschriften

Unternehmensanschriften, Behördenanschriften usw. teilen Sie wie Privatanschriften im Anschriftfeld auf. Sie beginnen – wie die Privatanschriften – in der 1. Zeile der Anschriftzone. Längere Firmenbezeichnungen verteilen Sie auf zwei Zeilen.

Ist ein Postfach vorhanden, führen Sie anstelle der Straßenbezeichnung das Postfach auf. Postfachnummern gliedern Sie von rechts nach links in zweistellige Gruppen.

```
3  •                                    •
2  •                                    •
1  •                                    •
1  Bürosysteme                Autohaus Brandenburg
2  Kleinkamp GmbH             Niederlassung Potsdam
3  Postfach 4 58 98           Postfach 35 29 96
4  16225 Eberswalde           14471 Potsdam
5  •                                    •
6  •                                    •
```

Soll der Brief eine bestimmte Mitarbeiterin oder einen bestimmten Mitarbeiter erreichen, setzen Sie die Anrede und den Namen unter die Firma. – In Anschriften von Einzelunternehmen führen Sie hinter dem Namen den Zusatz „e. K." oder „e. Kffr." (eingetragene Kauffrau) bzw. „e. K." oder „e. Kfm." (eingetragener Kaufmann) auf.

```
3  •                                           •
2  •                                           •
1  Einschreiben                       Einschreiben
1  Bürosysteme                        Vertraulich
2  Kleinkamp GmbH                     Anke Scholle e. K.
3  Frau Dipl.-Kffr. Sonja Sander      Am Schwarzen Tor 25
4  Postfach 4 58 98                   01097 Dresden
5  16225 Eberswalde                            •
6  •                                           •
```

Aufgabe: *Ordnen und gestalten Sie diese Anschriften normgerecht:*

Neckarstraße 25 – Einschreiben – Vertraulich – 81677 München – Hans Lechner e. K.

49082 Osnabrück – Großhandlung Gruber & Co. KG – Einschreiben Einwurf – Frau Jutta Freund – Postfach 34 27 19

18055 Rockstock – Herrn Dipl.-Kfm. Jan Koch – Postfach 2 82 95 18 – Elektronikmarkt TECHNOLUX GmbH – Einschreiben

48145 Münster – Postfach 65 13 32 – UNIVERSAL – Versicherung AG – Herrn Dr. Rainer Bauer

Stadt Düsseldorf – Hochbauamt – 40215 Düsseldorf – Einschreiben Einwurf

Lösungen

<table>
<tr><td>

-
-

Einschreiben Einwurf
Frau
Eva Schönberger
Am Hausberg 43
07552 Gera

-
-
</td><td>

-
-

Eigenhändig
Herrn Direktor
Ludger Abel
Babenstieg 83
22143 Hamburg

-
-
</td></tr>
<tr><td>

-
-
-

Frau Geschäftsführerin
Tanja Bröker
Lärchenweg 39
85049 Ingolstadt

-
-
</td><td>

-
-
-

Herrn
Dr. Heinz Brinkmann
bei Schulz
Sauerlandstraße 10
49809 Lingen
</td></tr>
<tr><td>

-
-

Persönlich
Frau
Ina Friedrich
Cranachstraße 128
80797 München

-
-
</td><td>

-

Einschreiben
Vertraulich
Hans Lechner e. K.
Neckarstraße 25
81677 München

-
-
-
</td></tr>
<tr><td>

-
-

Einschreiben Einwurf
Großhandlung
Gruber & Co. KG
Frau Jutta Freund
Postfach 34 27 19
49082 Osnabrück

-
</td><td>

-
-

Einschreiben
Elektronikmarkt
TECHNOLUX GmbH
Herrn Dipl.-Kfm. Jan Koch
Postfach 2 82 95 18
18055 Rostock
</td></tr>
<tr><td>

-
-
-

UNIVERSAL-Versicherung AG
Herrn Dr. Rainer Bauer
Postfach 65 13 32
48145 Münster

-
-
</td><td>

-
-

Einschreiben Einwurf
Stadt Düsseldorf
Hochbauamt
40215 Düsseldorf

-
-
</td></tr>
</table>

729034

ANLAGEN- UND VERTEILVERMERK

Damit der Empfänger feststellen kann, ob dem Geschäftsbrief Druckschriften, Kopien oder sonstige Unterlagen beigelegen haben, ist ein Anlagenvermerk zu schreiben. Den Anlagenvermerk setzen Sie eine Leerzeile unter der Wiederholung der Unterschrift. Unter dem Anlagenvermerk können Sie die Anlagen einzeln aufführen. Es ist auch möglich, die Anzahl der Anlagen mit dem Wort „Anlagen" zu schreiben (z. B. 1 Anlage, 2 Anlagen). Der Anlagenvermerk dürfen Sie durch Fettschrift hervorheben.

```
Freundliche Grüße
.
Büromöbelfabrik
Westfalia AG
.
i. A.
.
Eva Brandt
.
Anlage
1 Prospekt
```

Die Regeln des Anlagenvermerks gelten auch für den Verteilvermerk. Diesen schreiben Sie nach einer Leerzeile unter die maschinenschriftliche Angabe des Unterzeichners. Treffen Anlagen- und Verteilvermerk zusammen, setzen Sie den Verteilvermerk eine Leerzeile unter den Anlagenvermerk.

```
Freundliche Grüße
.
Maschinenfabrik
Kleinschmidt & Becker KG
.
ppa.
.
Claudia Berger
.
1 Anlage
.
Verteiler
Einkaufsabteilung
```

Reicht der Platz für den Anlagenvermerk oder den Verteilvermerk nicht aus, stehen die Vermerke in Höhe des Grußes – 10 cm vom linken Rand.

```
Freundliche Grüße               Anlagen
                                1 Prospekt
.                               1 Zeichnung
Büromöbelfabrik
Westfalia AG                    .
                                Verteiler
.                               Rechnungsabteilung
i. A.
.
Verena Hartmann
```

FORTSETZUNGSBLÄTTER

Hinweise auf Fortsetzungsblätter oder Seitenzahlen von Fortsetzungsblättern können Sie in Kopf- oder Fußzeilen anordnen. Seiten eines Briefes sind von der zweiten Seite an fortlaufend zu nummerieren. Die Seitennummerierung „Seite … von …" sollte vorzugsweise in der Fußzeile stehen. Sie sollte auch auf der 1. Seite aufgeführt werden.

Variante 1
Seite … von …

> **Kopfzeile**
> .
>
> .
>
> Die Schreibtische mit integriertem Profilrohr lassen sich stufenlos in der Höhe von 680 bis 800 mm verstellen. Beim Modell „Ratio" ist dafür am Seitenteil des Schreibtisches eine Kurbel angebracht.
>
> .
>
> Seite 2 von 2

Variante 2
Vorderseite

Die Form der Seitennummerierung mit einer Seitenzahl und Mittestrichen sollte zentriert in der Kopfzeile stehen. Bei dieser Variante setzen Sie am Ende der vorhergehenden Seite als Hinweis auf die Folgeseiten drei Punkte. Seitenkennung und Text werden durch mindestens eine Leerzeile getrennt.

> Diese Schreibtische können Sie sehr günstig beziehen. Bei der Frage nach der zweckmäßigsten Ablage sollten Sie auch den Raumbedarf bedenken.
> .
>
> …

> **Kopfzeile**
>
> – 2 –
>
> .
>
> Die Schreibtische mit integriertem Profilrohr lassen sich stufenlos in der Höhe von 680 bis 800 mm verstellen. Beim Modell „Ratio" ist dafür am Seitenteil des Schreibtisches eine Kurbel angebracht.

GESCHÄFTSBRIEF NACH FORMLOSER VORLAGE

Aufgabe

Gestalten Sie den folgenden Brief normgerecht. Verwenden Sie eine Dokumentvorlage mit einem Standardinfortmationsblock. Bilden Sie sinnvolle Absätze.
Nehmen Sie die manuelle Silbentrennung (Worttrennung) nachträglich vor.

Angebot eines Kino-Heimsystems

Empfängeranschrift:	Kaufhaus Neumarkt GmbH Postfach 1 59 28, 06844 Dessau
Unser Zeichen:	lo
Name:	Heike Loder
Telefon:	05261 410-135
Datum:	heutiges Datum
Betreff:	Neues Heimkino-System
Anrede:	Sehr geehrte Damen und Herren,
Briefabschluss:	Freundliche Grüße TERASONIC AG i. A. Heike Loder
Anlagen:	1 Flyer 1 Katalog

Heimkino-Systeme erfreuen sich schon jetzt großer Beliebtheit. Mit dem Kinosound-System HECO kann jedes Fernsehgerät
in ein Heimkino verwandelt werden. Das System HECO besteht
aus einem Decoder, fünf Lautsprechern mit einer Gesamtleistung von 400 Watt, einem DVD-Spieler, der alle Formate lesen
kann, und einem Kino-Lautsprechersystem. Dieses Gesamtsystem
bieten wir Ihnen zum Vorzugspreis von 295,00 € an. Das vorteilhafte Angebot gilt nur bis zum 25. d. M. Wenn Sie bis zum
15. d. M. bestellen, gewähren wir Ihnen einen Preisnachlass
von 5 %. Bei Abnahme größerer Mengen gelten unsere Staffelpreise. Die Heimkino-Anlagen erhalten Sie innerhalb 10 Tagen
frei Haus. Ermöglichen Sie Ihren Kunden den Kauf des Kinosound-Systems HECO in Ihrem Kaufhaus. Sichern Sie sich den
Preisvorteil, indem Sie sofort bestellen.

Lösung

TERASONIC AG

TERASONIC AG · Postfach 5 52 25 · 32657 Lemgo

Kaufhaus
Neumarkt GmbH
Postfach 1 59 28
06844 Dessau

Ihr Zeichen:
Ihre Nachricht vom:
Unsere Zeichen: lo
Unsere Nachricht vom:

Name: Heike Loder
Telefon: 05261 410-135
E-Mail: heike.loder@terasonic-wvd.com

Datum: 20..-02-08

Neues Heimkino-System

Sehr geehrte Damen und Herren,

Heimkino-Systeme erfreuen sich schon jetzt großer Beliebtheit. Mit dem Kinosound-System HECO kann jedes Fernsehgerät in ein Heimkino verwandelt werden. Das System HECO besteht aus

- einem Decoder,
- fünf Lautsprechern mit einer Gesamtleistung von 400 Watt,
- einem DVD-Spieler, der alle Formate lesen kann, und
- einem Kino-Lautsprechersystem.

Dieses Gesamtsystem bieten wir Ihnen zum Vorzugspreis von **295,00 €** an.

Das vorteilhafte Angebot gilt nur bis zum 25. d. M. Wenn Sie bis zum 15. d. M. bestellen, gewähren wir Ihnen einen Preisnachlass von 5 %. Bei Abnahme größerer Mengen gelten unsere Staffelpreise. Die Heimkino-Anlagen erhalten Sie innerhalb 10 Tagen frei Haus.

Ermöglichen Sie Ihren Kunden den Kauf des Kinosound-Systems HECO in Ihrem Kaufhaus. Sichern Sie sich den Preisvorteil, indem Sie sofort bestellen.

Freundliche Grüße

TERASONIC AG

i. A.

Heike Loder

Anlagen
1 Flyer
1 Katalog

Aufgabe

Gestalten Sie den folgenden Brief normgerecht. Verwenden Sie eine Dokumentvorlage mit einem Standardinformationsblock. Bilden Sie sinnvolle Absätze.
Nehmen Sie die manuelle Silbentrennung (Worttrennung) nachträglich vor.

10 Jahre Fitnessstudio Brinkmann

Empfängeranschrift: Herrn Dr. Gerhard Brauer
                                     Haageweg 15, 99096 Erfurt

Unser Zeichen: wie
Name: Elke Wieners
Telefon: 0361 621035
Datum: heutiges Datum
Betreff: Einladung zur Geburtstagsfeier
Anrede: Guten Tag Herr Dr. Brauer,

Briefabschluss: Freundliche Grüße
                                     Fitnessstudio Brinkmann
                                     Elke Wieners

seit einigen Jahren besuchen Sie unsere Trainingsräume, um
sich körperlich zu stärken und um sich zu entspannen. Sie
haben das attraktive Angebot unseres Hauses kennen und
schätzen gelernt. Am 15. Februar besteht unser Fitnessstudio
10 Jahre. Feiern Sie mit uns dieses besondere Jubiläum. Als
kleines Dankeschön für Ihre Treue bieten wir Ihnen zu unserem Geburtstag die „Inklusive 10er-Karte" für 19,95 € an. In
dieser Karte sind Getränke, Gymnastikkurse, Fitness sowie
der Besuch der Sauna und des Solariums eingeschlossen. Seit
Anfang dieses Jahres finden bei uns auch Diätkurse und Seminare zur Trainingslehre in den neuen Seminarräumen statt.
Sie sehen, dass wir uns bemühen, unser Angebot im Interesse
unserer Besucher ständig zu erweitern. Unser Fitnessstudio
ist eine von wenigen Anlagen in Deutschland, die kürzlich
mit dem staatlichen Gütesiegel für den Fitnessbereich ausgezeichnet wurden. Dieses Siegel bürgt für besondere Qualität.
Dürfen wir Sie zu unserer Jubiläumsfeier begrüßen?

Lösung

Fitnessstudio Brinkmann

Fitnessstudio Brinkmann · Sachsenburgweg 15 · 99094 Erfurt

Herrn
Dr. Gerhard Brauer
Haageweg 15
99096 Erfurt

Ihr Zeichen:
Ihre Nachricht vom:
Unsere Zeichen: wie
Unsere Nachricht vom:

Name: Elke Wieners
Telefon: 0361 621035

Datum: 20..-02-15

Einladung zur Geburtstagsfeier

Guten Tag Herr Dr. Brauer,

seit einigen Jahren besuchen Sie unsere Trainingsräume, um sich körperlich zu
stärken und um sich zu entspannen. Sie haben das attraktive Angebot unseres
Hauses kennen und schätzen gelernt.

Am 15. Februar besteht unser Fitnessstudio 10 Jahre. Feiern Sie mit uns dieses besondere Jubiläum. Als kleines Dankeschön für Ihre Treue bieten wir Ihnen zu
unserem Geburtstag die **„Inklusive 10er-Karte" für 19,95 €** an. In dieser Karte
sind Getränke, Gymnastikkurse, Fitness sowie der Besuch der Sauna und des
Solariums eingeschlossen.

Seit Anfang dieses Jahres finden bei uns auch Diätkurse und Seminare zur Trainingslehre in den neuen Seminarräumen statt. Sie sehen, dass wir uns bemühen, unser Angebot im Interesse unserer Besucher ständig zu erweitern.

Unser Fitnessstudio ist eine von wenigen Anlagen in Deutschland, die kürzlich mit
dem staatlichen Gütesiegel für den Fitnessbereich ausgezeichnet wurden. Dieses
Siegel bürgt für besondere Qualität.

Dürfen wir Sie zu unserer Jubiläumsfeier begrüßen?

Freundliche Grüße

Fitnessstudio Brinkmann

Elke Wieners

Aufgabe

Gestalten Sie den folgenden Brief normgerecht. Verwenden Sie eine Dokumentvorlage mit einem Standardinformationsblock. Bilden Sie sinnvolle Absätze.
Nehmen Sie die manuelle Silbentrennung (Worttrennung) nachträglich vor.

Betriebsbesichtigung

Empfängeranschrift:	Ludwig-Erhard-Berufskolleg Frau Stefanie Schulze Postfach 40 79, 56068 Koblenz
Ihre Nachricht vom:	20..-06-25
Unser Zeichen:	de
Name:	Vera Deckert
Telefon:	0231 210-125
E-Mail:	schoene@westfalia-wvd.com
Datum:	heutiges Datum
Betreff:	Betriebsbesichtigung in unserem Unternehmen
Anrede:	Sehr geehrte Frau Schulze,
Briefabschluss:	Freundliche Grüße Büromöbelfabrik Westfalia AG i. A. Vera Deckert
Anlage:	1 Informationsbroschüre

es ist eine gute Idee, dass Sie sich mit Ihrer Schulklasse einen Einblick in die Produktion unserer Büromöbel und unser Verkaufsprogramm verschaffen möchten. Dazu sind Sie herzlich willkommen. Ihr Terminvorschlag sagt uns zu. Sie werden am Dienstag, 16. August d. J., um 10:00 Uhr am Haupteingang unseres Unternehmens von Herrn Thomas Fisch erwartet. Er führt Sie zunächst durch unsere Fertigungshallen, bevor Sie weitere Eindrücke durch einen Werksfilm bekommen. Gegen 13:00 Uhr nehmen Ihre Schülerinnen und Schüler in der Werkskantine einen Imbiss zu sich. Am Nachmittag informiert unsere Verkaufsleiterin, Frau Nicole Schuster, über unsere Produktpalette. Sagt Ihnen unser Programm zu? Schon heute wünschen wir Ihnen sowie Ihren Schülerinnen und Schülern eine gute Anreise.

Lösung

Büromöbelfabrik Westfalia AG

Büromöbelfabrik Westfalia AG · Postfach 23 15 45 · 44225 Dortmund

Ludwig-Erhard-Berufskolleg
Frau Stefanie Schulze
Postfach 40 79
56068 Koblenz

Ihr Zeichen:
Ihre Nachricht vom: 20..-06-25
Unser Zeichen: de
Unsere Nachricht vom:

Name: Vera Deckert
Telefon: 0231 210-125
E-Mail: schoene@westfalia-wvd.com

Datum: 20..-07-20

Betriebsbesichtigung in unserem Unternehmen

Sehr geehrte Frau Schulze,

es ist eine gute Idee, dass Sie sich mit Ihrer Schulklasse einen Einblick in die Produktion unserer Büromöbel und unser Verkaufsprogramm verschaffen möchten. Dazu sind Sie herzlich willkommen. Ihr Terminvorschlag sagt uns zu.

Sie werden am

Dienstag, 16. August d. J., um 10:00 Uhr

am Haupteingang unseres Unternehmens von Herrn Thomas Fisch erwartet. Er führt Sie zunächst durch unsere Fertigungshallen, bevor Sie weitere Eindrücke durch einen Werksfilm bekommen.

Gegen 13:00 Uhr nehmen Ihre Schülerinnen und Schüler in der Werkskantine einen Imbiss zu sich. Am Nachmittag informiert unsere Verkaufsleiterin, Frau Nicole Schuster, über unsere Produktpalette. Sagt Ihnen unser Programm zu?

Schon heute wünschen wir Ihnen sowie Ihren Schülerinnen und Schülern eine gute Anreise.

Freundliche Grüße

Büromöbelfabrik
Westfalia AG

i. A.

Vera Deckert

Anlage
1 Informationsbroschüre

Aufgabe

Gestalten Sie den folgenden Brief normgerecht. Verwenden Sie eine Dokument-vorlage mit einem Standardinformationsblock. Bilden Sie sinnvolle Absätze. Nehmen Sie die manuelle Silbentrennung (Worttrennung) nachträglich vor.

Der neue „Taifun 307 SW" ist da

Empfängeranschrift:	Herrn Dipl.-Kfm. Frank Schmitz Kurfürstenstraße 120, 45138 Essen
Unser Zeichen:	so
Name:	Claudia Sommer
Telefon:	0201 355-35
E-Mail:	sommer@autohaus-ruhr-wvd.com
Datum:	heutiges Datum
Betreff:	Der neue „Taifun 307 SW" ist da
Anrede:	Sehr geehrter Herr Schmitz,
Briefabschluss:	Freundliche Grüße Autohaus an der Ruhr i. A. Claudia Sommer
Anlage:	1 Broschüre

sicher haben Sie schon lange auf diesen Augenblick gewartet: Der neue „Taifun 307 SW" ist da! Das gelungene Design zieht die Blicke sofort an. Eine dynamische Vorderfront, die charakteristische Silhouette und hochgezogene Scheinwerfer bestechen beim ersten Anblick. Also, worauf warten Sie noch? Nehmen Sie einfach Platz im „Taifun 307 SW" und Sie werden das Gefühl haben, unter freiem Himmel zu sitzen, dank des 1,4 m² großen Glasdaches. Im hellen Innenraum erwarten Sie aber nicht nur Licht, sondern auch viel Komfort, der für ein entspanntes Fahren sorgt, z. B. der Bordcomputer. Ihre Erfrischungen bringen Sie in einem kühlbaren Handschuhfach unter. Das Modell „307 SW" bekommen Sie schon ab 19.600,00 €. Ist das nicht ein weiteres Argument für den „Taifun 307 SW"? Am besten, Sie kommen einmal bei uns vorbei und überzeugen sich von den positiven Eigenschaften und dem Komfort unseres neuen Modells. Wann dürfen wir Sie zu einer Probefahrt begrüßen?

Lösung

Autohaus an der Ruhr

Autohaus an der Ruhr · Postfach 23 15 45 · 45127 Essen

Ihr Zeichen:
Ihre Nachricht vom:
Unser Zeichen: so
Unsere Nachricht vom:

Name: Claudia Sommer
Telefon: 0201 355-35
E-Mail: claudia.sommer@autohaus-ruhr-wvd.com

Datum: 20..-11-28

Herrn
Dipl.-Kfm. Frank Schmitz
Kurfürstenstraße 120
45138 Essen

Der neue „Taifun 307 SW" ist da

Sehr geehrter Herr Schmitz,

sicher haben Sie schon lange auf diesen Augenblick gewartet: Der neue „Taifun 307 SW" ist da! Das gelungene Design zieht die Blicke sofort an. Eine dynamische Vorderfront, die charakteristische Silhouette und hochgezogene Scheinwerfer bestechen beim ersten Anblick.

Also, worauf warten Sie noch? Nehmen Sie einfach Platz im „Taifun 307 SW" und Sie werden das Gefühl haben, unter freiem Himmel zu sitzen, dank des 1,4 m² großen Glasdaches. Im hellen Innenraum erwarten Sie aber nicht nur Licht, sondern auch viel Komfort, der für ein entspanntes Fahren sorgt, z. B. der Bordcomputer. Ihre Erfrischungen bringen Sie in einem kühlbaren Handschuhfach unter. Das Modell „307 SW" bekommen Sie schon ab

19.600,00 €.

Ist das nicht ein weiteres Argument für den „Taifun 307 SW"?

Am besten, Sie kommen einmal bei uns vorbei und überzeugen sich von den positiven Eigenschaften und dem Komfort unseres neuen Modells. Wann dürfen wir Sie zu einer Probefahrt begrüßen?

Freundliche Grüße

Autohaus an der Ruhr

i. A.

Claudia Sommer

Anlage
1 Broschüre

Aufgabe

Gestalten Sie den folgenden Brief normgerecht. Verwenden Sie eine Dokument-vorlage mit einem gestalteten Informationsblock. Bilden Sie sinnvolle Absätze. Nehmen Sie die manuelle Silbentrennung (Worttrennung) nachträglich vor.

Umweltfreundlich drucken und kopieren

Empfängeranschrift:	Großhandel Schönberg & Co. GmbH Postfach 34 59 20, 90459 Nürnberg
Ihre Sachbearbeiterin:	Stefanie Franke
Abteilung:	Verkauf
Telefon:	069 5555-17
Telefax:	069 5555-20
E-Mail:	stefanie.franke@systemhaus-oberwinter-wvd.com
Internet:	www.systemhaus-oberwinter-wvd.com
Datum:	heutiges Datum
Betreff:	Umweltfreundlich drucken und kopieren
Anrede:	Sehr geehrte Damen und Herren,
Briefabschluss:	Freundlich grüßt Sie Systemhaus Oberwinter GmbH i. A. Stefanie Franke
Anlage:	1 Antwortkarte

beim Druckvorgang setzen Drucker und Kopierer, die zur Farbgebung Toner verwenden, Feinstaub oder Ultrafeinstaub frei. Durch unseren regelmäßigen Wartungsservice reduzieren Sie die Feinstaubemission erheblich. Trotzdem können Sie bei älteren Maschinen nicht verhindern, dass sie Feinstaub freisetzen. Um den geringen Feinstaubausstoß in Ihrer Raumluft weiter zu verringern, bieten wir Ihnen ein zusätzliches Filtersystem für Ihre Ausgabegeräte an. Es filtert nicht nur Feinstaub, sondern auch Ultrafeinstaub. Lassen Sie sich dieses Filtersystem sowie weitere neue Kopierer, Laserdrucker und Faxgeräte in unserer Ausstellung am Donnerstag, 13. Februar d. J., in unseren Verkaufsräumen vorführen. Haben wir Ihr Interesse geweckt? Dann melden Sie sich zu unserer kostenlosen Informationsveranstaltung an, indem Sie uns die Antwortkarte mit Ihrer Zusage zurücksenden. Dürfen wir mit Ihrem Besuch rechnen?

Lösung

Systemhaus Oberwinter GmbH

Systemhaus Oberwinter GmbH · Postfach 15 25 35 · 80634 München

Ihre Sachbearbeiterin:	Stefanie Franke
Abteilung:	Verkauf

Großhandel
Schönberg & Co. GmbH
Postfach 34 59 20
90459 Nürnberg

Telefon:	069 5555-17
Telefax:	069 5555-20
E-Mail:	stefanie.franke@systemhaus-oberwinter-wvd.cc
Internet:	www.systemhaus-oberwinter-wvd.com
Datum:	20..-02-27

Umweltfreundlich drucken und kopieren

Sehr geehrte Damen und Herren,

beim Druckvorgang setzen Drucker und Kopierer, die zur Farbgebung Toner verwenden, Feinstaub oder Ultrafeinstaub frei. Durch unseren regelmäßigen Wartungsservice reduzieren Sie die Feinstaubemission erheblich. Trotzdem können Sie bei älteren Maschinen nicht verhindern, dass sie Feinstaub freisetzen.

Um den geringen Feinstaubausstoß in Ihrer Raumluft weiter zu verringern, bieten wir Ihnen ein zusätzliches Filtersystem für Ihre Ausgabegeräte an. Es filtert nicht nur Feinstaub, sondern auch Ultrafeinstaub. Lassen Sie sich dieses Filtersystem sowie weitere neue Kopierer, Laserdrucker und Faxgeräte in unserer Ausstellung am

Donnerstag, 13. Februar d. J.,

in unseren Verkaufsräumen vorführen.

Haben wir Ihr Interesse geweckt? Dann melden Sie sich zu unserer kostenlosen Informationsveranstaltung an, indem Sie uns die Antwortkarte mit Ihrer Zusage zurücksenden. Dürfen wir mit Ihrem Besuch rechnen?

Freundlich grüßt Sie

Systemhaus Oberwinter GmbH

i. A.

Stefanie Franke

Anlage
1 Antwortkarte

Aufgabe

Gestalten Sie den folgenden Brief normgerecht. Verwenden Sie eine Dokument-vorlage mit einem Standardinformationsblock. Bilden Sie sinnvolle Absätze. Nehmen Sie die manuelle Silbentrennung (Worttrennung) nachträglich vor.

Professionelle Präsentationen

Empfängeranschrift:	Frau Dipl.-Päd. Sandra Breitschmidt Eichendorffstraße 25 // III, 46147 Oberhausen

Unser Zeichen:	bau
Name:	Markus Bauer
Telefon:	0221 3255-21
Telefax:	0221 3255-30
E-Mail:	bauer@linke-wvd.com
Datum:	heutiges Datum
Betreff:	Professionelle Präsentationen
Anrede:	Sehr geehrte Frau Breitschmidt,

Briefabschluss:	Freundliche Grüße Linke Präsentationstechniken GmbH i. A. Markus Bauer

in 60 Sekunden entscheidet ein Gesprächspartner, ob eine Besprechung von Erfolg gekrönt ist oder nicht. Länger dauert es nicht, um Kunden oder Vorgesetzte durch Ihr persönliches Auftreten und eine ansprechende Präsentation zu gewinnen. Nachlässig vorbereitete Unterlagen wirken sich negativ aus. Unsauber kopierte und zusammengeheftete Blätter nehmen beispielsweise einem Geschäftsbericht die Überzeugungskraft. Unser neuartiges Gerät bindet Ihnen zwischen 10 und 280 Blätter im A4-Format ohne Stanzung, Klebstoff, Strom und zeitraubende Voreinstellungen. Das Papier wird über eine fest zusammengepresste Bindeschiene dauerhaft gehalten. Sie haben dadurch schnell und einfach gebundene Dokumente, die sich durch eine besondere Stabilität und Langlebigkeit auszeichnen. Für nur 259,00 € können Sie die Vorzüge nutzen. Möchten Sie durch Ihre Präsentationen überzeugen? Dann bestellen Sie das neue Gerät noch heute, um ansprechend und erfolgreich zu präsentieren.

Lösung

Linke Präsentationstechniken GmbH

Linke Präsentationstechniken GmbH · 04315 Leipzig · Postfach 95 12 49

Ihr Zeichen:
Ihre Nachricht vom:
Unser Zeichen: bau
Unsere Nachricht vom:

Frau
Dipl.-Päd. Sandra Breitschmidt
Eichendorffstraße 25 // III
46147 Oberhausen

Name: Markus Bauer
Telefon: 0221 3255-21
Telefax: 0221 3255-30
E-Mail: bauer@linke-wvd.de

Datum: 20..-09-20

Professionelle Präsentationen

Sehr geehrte Frau Breitschmidt,

in 60 Sekunden entscheidet ein Gesprächspartner, ob eine Besprechung von Erfolg gekrönt ist oder nicht. Länger dauert es nicht, um Kunden oder Vorgesetzte durch Ihr persönliches Auftreten und eine ansprechende Präsentation zu gewinnen.

Nachlässig vorbereitete Unterlagen wirken sich negativ aus. Unsauber kopierte und zusammengeheftete Blätter nehmen beispielsweise einem Geschäftsbericht die Überzeugungskraft.

Unser neuartiges Gerät bindet Ihnen zwischen 10 und 280 Blätter im A4-Format ohne Stanzung, Klebstoff, Strom und zeitraubende Voreinstellungen. Das Papier wird über eine fest zusammengepresste Bindeschiene dauerhaft gehalten. Sie haben dadurch schnell und einfach gebundene Dokumente, die sich durch eine besondere Stabilität und Langlebigkeit auszeichnen. Für nur **259,00 €** können Sie die Vorzüge nutzen.

Möchten Sie durch Ihre Präsentationen überzeugen? Dann bestellen Sie das neue Gerät noch heute, um ansprechend und erfolgreich zu präsentieren.

Freundliche Grüße

Linke
Präsentationstechniken GmbH

i. A.

Markus Bauer

INFORMATION

ANFRAGE

In der Anfrage bittet der Kunde den Lieferer um ein Angebot. Die Anfrage ist völlig unverbindlich und ohne rechtliche Wirkung. Zwischen einer allgemeinen und bestimmten Anfrage ist zu unterscheiden.

Wünscht der Kunde z. B. Kataloge, Preislisten, Muster oder den Besuch eines Vertreters, handelt es sich um eine allgemeine Anfrage. In der bestimmten Anfrage sind genaue Einzelheiten über die gewünschte Ware, die Menge, die Qualität, die Preise, die Liefer- und Zahlungsbedingungen aufzuführen.

Inhalt einer bestimmten Anfrage

Beginnen Sie mit Hinweisen auf die Informationsquelle. Haben Sie die Anschrift des Lieferers aus einer Fachzeitschrift, der Tageszeitung, aus dem Internet oder von Geschäftsfreunden erfahren? Sind Sie bereits Kunde, führen Sie den Grund Ihrer Anfrage an. Wenn es sich um eine erste Anfrage handelt, stellen Sie Ihr Unternehmen kurz vor. Bei einer bestimmten Anfrage müssen Sie die Ware nach Güte, Beschaffenheit, Menge usw. genau beschreiben. Erfragen Sie die Preise sowie die Liefer- und Zahlungsbedingungen. Wählen Sie einen ansprechenden Schlusssatz.

Aufgabe

Fertigen Sie nach der folgenden Situationsbeschreibung eine Anfrage an. Beachten Sie die Schreib- und Gestaltungsregeln für die Textverarbeitung (DIN 5008). Verwenden Sie eine Dokumentvorlage mit einem Standard-informationsblock.

Anfrage nach Teppichen

Als Mitarbeiter(in) des Einrichtungshauses Bender & Co. GmbH richten Sie eine Anfrage an die Perserteppiche GmbH, Postfach 12 49 39, 80634 München. Durch die gute Präsentation im Internet wurden Sie auf das Unternehmen aufmerksam. Da es sich um eine erste Anfrage handelt, stellen Sie Ihr Unternehmen vor: Sie sind ein gut eingeführtes Einrichtungshaus in der Innenstadt von Karlsruhe.

Sie haben großen Bedarf an Teppichen und bitten um ein günstiges Angebot über

handgeknüpfte Orientteppiche, bestehend zu 100 % aus Neusee-landwolle, in den Größen 300 cm x 400 cm und 350 cm x 450 cm.

Fordern Sie Informationen über die Liefer- und Zahlungsbedingungen an. Fragen Sie darüber hinaus auch nach Mengenrabatten. Die Lieferung wünschen Sie sofort. Bitten Sie um Muster und Prospekte.

Lösung

Einrichtungshaus Bender & Co. GmbH

Einrichtungshaus Bender & Co. GmbH · Postfach 3 44 66 · 76137 Karlsruhe

Perserteppiche GmbH
Postfach 12 49 39
80634 München

Ihr Zeichen:
Ihre Nachricht vom:
Unsere Zeichen: di
Unsere Nachricht vom:

Name: Heidi Dicke
Telefon: 0721 425-10
Telefax: 0721 425-11
E-Mail: heide.dicke@bender-wvd.de

Datum: 20..-03-16

Anfrage nach Orientteppichen

Sehr geehrte Damen und Herren,

Ihr Unternehmen fiel uns durch Ihre gelungene Präsentation im Internet positiv
auf. Darum wenden wir uns heute an Sie. Wir sind ein gut eingeführtes Einrichtungshaus in der Innenstadt von Karlsruhe und haben Bedarf an Orientteppichen.

Senden Sie uns bitte ein günstiges Angebot über

handgeknüpfte Orientteppiche,

die zu 100 % aus Neuseelandwolle bestehen. Teppiche benötigen wir in den
Größen 300 cm x 400 cm und 350 cm x 450 cm. Fügen Sie Ihrem Angebot auch
Muster und Prospekte bei.

Informieren Sie uns über Ihre Liefer- und Zahlungsbedingungen. Welche Rabatte
gewähren Sie bei der Abnahme bestimmter Mengen? Können Sie uns sofort beliefern?

Sicher werden Sie uns ein attraktives Angebot unterbreiten.

Freundliche Grüße

Einrichtungshaus
Bender & Co. GmbH

i. A.

Heidi Dicke

Aufgabe

Fertigen Sie nach den folgenden Situationsbeschreibungen die Anfragen an. Beachten Sie die Schreib- und Gestaltungsregeln für die Textverarbeitung (DIN 5008). Verwenden Sie eine Dokumentvorlage mit einem Standard-informationsblock.

Situation 1: Anfrage nach Büroorganisationsmitteln

Als Mitarbeiter(in) des Bürohauses Wertmann GmbH richten Sie eine Anfrage an den Organisationsmittelvertrieb ORGATEC GmbH, Postfach 34 53 98, 46045 Oberhausen. Durch die ansprechende Werbung in der Rhein-Ruhr-Zeitung wurden Sie auf das Unternehmen aufmerksam. Da es sich um eine erste Anfrage handelt, stellen Sie Ihr Unternehmen kurz vor. Durch die günstige Lage im Stadtzentrum erzielt Ihr Unternehmen nach wie vor gute Umsätze. Es ist das führende Fachgeschäft für Bürobedarfsartikel.

Sie haben großen Bedarf an Büroorganisationsmitteln und bitten um ein Angebot über 500 Klemm-Mappen im Querformat A4. Die Klemme soll aus Spezialstahl hergestellt sein. Der Vorderdeckel soll transparent, der Rückendeckel soll aber farbig sein. Es soll möglich sein, in die Sichttasche des Vorderdeckels Dokumente im A4-Format einzufügen. Die Klemm-Mappen sollen den Kunden zum Präsentieren, z. B. PowerPoint-Präsentationen oder Excel-Tabellen, Ordnen und Aufbewahren von ungelochtem Schriftgut angeboten werden.

Erbitten Sie Informationen über die Liefer- und Zahlungsbedingungen. Fragen Sie darüber hinaus auch nach Mengenrabatten. Die Lieferung wünschen Sie sofort.

Situation 2: Anfrage nach Blockbohlenhäusern

Als Mitarbeiterin des Baumarktes Heim & Werk GmbH holen Sie beim Finnhaus-Vertrieb Heinz König GmbH, Postfach 12 45 97, 09130 Chemnitz, ein Angebot über Blockbohlenhäuser ein. Auf das Unternehmen wurden Sie durch die gute Internetpräsentation aufmerksam. Ihr Baumarkt – ein führender Baumarkt in Dessau – besteht in diesem Jahr 10 Jahre. Ihren Kunden wollen Sie darum Jubiläumsangebote unterbreiten. Blockbohlenhäuser möchten Sie neu in Ihr Verkaufsprogramm aufnehmen.

Sie bitten um ein Angebot über die Blockbohlenhäuser „Lappland" und „Helsinki". Für das Blockbohlenhaus „Lappland" wünschen Sie die Maße 380 cm x 380 cm. Es soll ein Vordach von 150 cm haben. Für die hochwertigen Fenster wünschen Sie eine Isolierverglasung. Die Maße des Blockbohlenhauses „Helsinki" sollen 360 cm x 400 cm betragen. Ein 70 cm großes Vordach soll vorhanden sein.

Erfragen Sie die Lieferzeit sowie die Liefer- und Zahlungsbedingungen bei einer Abnahme von 15 Stück. Die Lieferung wünschen Sie bis zum 10. August d. J.

Lösung Situationsaufgabe 1

Bürohaus Wertmann GmbH

_{Bürohaus Wertmann GmbH · Postfach 7 32 12 · 46482 Wesel}

Organisationsmittelvertrieb
ORGATEC GmbH
Postfach 34 53 98
46045 Oberhausen

Ihr Zeichen:
Ihre Nachricht vom:
Unser Zeichen: schn
Unsere Nachricht vom:

Name: Tatjana Schneider
Telefon: 0281 63-93-145
E-Mail: tatjana.schneider@wertmann-wvd.com

Datum: 20..-02-18

Anfrage nach Klemm-Mappen

Sehr geehrte Damen und Herren,

durch Ihre ansprechenden Werbeanzeigen in der Rhein-Ruhr-Zeitung wurden wir auf Ihr Unternehmen aufmerksam. Als führendes Fachgeschäft für Bürobedarfsartikel erzielen wir durch die günstige Lage im Stadtzentrum nach wie vor gute Umsätze. Wir haben großen Bedarf an unterschiedlichen Büroorganisationsmitteln.

Senden Sie uns bitte ein Angebot über

500 Klemm-Mappen im Querformat A4.

Die Klemme wünschen wir aus Spezialstahl. Der Vorderdeckel der Mappe soll transparent sein, die Rückendeckel aber farbig. Die Sichttasche des Vorderdeckels soll Dokumente im A4-Format aufnehmen. Die Klemm-Mappen bieten wir unseren Kunden zum Präsentieren, z. B. von PowerPoint-Präsentationen, Excel-Tabellen usw., Ordnen und Aufbewahren von ungelochtem Schriftgut an.

Wie sind Ihre Liefer- und Zahlungsbedingungen bei einer Abnahme größerer Mengen? Ist es Ihnen möglich, uns sofort zu beliefern?

Sicher werden Sie uns ein vorteilhaftes Angebot zusenden. Darauf sind wir schon heute sehr gespannt.

Freundliche Grüße aus Wesel

Bürohaus Wertmann GmbH

i. A.

Tatjana Schneider

Lösung Situationsaufgabe 2

Baumarkt Heim & Werk GmbH

Baumarkt Heim & Werk GmbH · Postfach 20 39 12 · 06844 Dessau

Finnhaus-Vertrieb
Heinz König GmbH
Postfach 12 45 97
09130 Chemnitz

Ihr Zeichen:
Ihre Nachricht vom:
Unser Zeichen: wi
Unsere Nachricht vom:

Name: Barbara Wieseke
Telefon: 030 5555-36
E-Mail: barbara.wieseke-wvd@heim-werk.com

Datum: 20..-07-18

Anfrage nach Blockbohlenhäusern

Sehr geehrte Damen und Herren,

durch Ihre gelungene Internetpräsentation wurden wir auf Ihr Unternehmen aufmerksam. Wir sind ein führender Baumarkt in Dessau und möchten unseren Kunden zum 10-jährigen Bestehen unseres Unternehmens interessante Jubiläumsangebote machen. Blockbohlenhäuser wollen wir neu in unser Verkaufsprogramm aufnehmen.

Senden Sie uns bitte ein Angebot über Ihre

Blockbohlenhäuser „Lappland" und „Helsinki".

Das Blockbohlenhaus „Lappland" soll eine Größe von 380 cm x 380 cm haben. Ein Vordach von 150 cm soll vorhanden sein. Für die hochwertigen Fenster wünschen wir eine Isolierverglasung. Das Blockbohlenhaus „Helsinki" soll 360 cm x 400 cm groß sein. Die Größe des Vordaches soll 70 cm betragen.

Informieren Sie uns bitte über Ihre Liefer- und Zahlungsbedingungen. Gewähren Sie bei einer Abnahme von 15 Stück einen Mengenrabatt? Ist es Ihnen möglich, uns bis zum 10. August d. J. zu beliefern?

Sicher werden Sie uns ein attraktives Angebot unterbreiten. Darauf sind wir schon heute sehr gespannt.

Freundliche Grüße

Baumarkt
Heim & Werk GmbH

i. A.

Barbara Wieseke

INFORMATION

ANGEBOT

Das Angebot ist die Willenserklärung des Anbieters, Waren zu bestimmten Bedingungen an den Interessenten zu verkaufen. Das Angebot ist sorgfältig abzufassen, denn durch die Annahme des Angebotes, in der Regel ist das eine Bestellung, entsteht der Kaufvertrag.

Nach der kaufmännischen Wirkung müssen Sie zwischen **verlangten, wiederholten** und **unverlangten** Angeboten unterscheiden. Einem verlangten Angebot geht eine Anfrage voraus. Bei einem wiederholten Angebot erinnert der Anbieter noch einmal an sein früheres Angebot. Unverlangte Angebote erreichen den Empfänger oft als Werbebriefe, Prospekte, Kataloge usw.

Rechtlich gesehen sind drei Arten von Angeboten zu unterscheiden: In dem **bindenden** Angebot sind Art der Ware, Menge, Qualität sowie Liefer- und Zahlungsbedingungen aufzuführen. Das **unverbindliche** Angebot enthält Einschränkungen, z. B. „freibleibend" oder „so lange der Vorrat reicht". Das **befristete** Angebot hingegen enthält einen Termin, bis zu dem es gilt.

Aufgabe

Fertigen Sie nach der folgenden Situationsbeschreibung ein Angebot an. Beachten Sie die Schreib- und Gestaltungsregeln für die Textverarbeitung (DIN 5008). Verwenden Sie eine Dokumentvorlage mit einem gestalteten Informationsblock.

Angebot einer Polstermöbelgarnitur

Als Mitarbeiter(in) der Möbelwerke Bayerischer Wald GmbH haben Sie die Anfrage des Möbelmarktes Schulte GmbH, Postfach 25 98 53, 21680 Stade, zu beantworten.

Sie bieten die qualitativ hochwertige Polstergarnitur „Marin" aus einem 3-sitzigen Sofa und einem Sessel zum Vorzugspreis von 1.388,00 € an. Die Garnitur aus anschmiegsamem Leder ist durch verstellbare Armlehnen, einem ausziehbaren Fußteil und Sitzabsenkung besonders bequem. Es ist möglich, für die Garnitur auch andere Elemente zu verwenden. Sie fügen dem Angebot einen Katalog bei, der die Maße und die Sitzelemente enthält.

Die Garnitur können Sie in spätestens 10 Tagen liefern. Bei einer Abnahme von 10 Stück gewähren Sie einen Mengenrabatt von 8 %. Begleicht der Kunde die Rechnung innerhalb einer Woche, räumen Sie 3 % Skonto ein.

Lösung

Möbelwerke
Bayerischer Wald GmbH

Möbelwerke Bayerischer Wald GmbH · Postfach 55 22 · 94227 Zwiesel

Möbelmarkt
Schulte GmbH
Postfach 25 98 53
21680 Stade

Ihre Sachbearbeiterin:	Susi Erdle
Abteilung:	Verkauf
Telefon:	09922 2255-103
Telefax:	09922 2255-110
E-Mail:	susi.erdle@moebelwerke-bayerischerwald-wvd.com
Internet:	www.moebelwerke-bayerischerwald-wvd.com
Datum:	20..-09-12

Angebot der Polstergarnitur „Marin"

Sehr geehrte Damen und Herren,

Sie wünschen in Ihrer Anfrage ein Angebot über die Polstergarnitur „Marin". Die qualitativ hochwertige Garnitur aus einem dreisitzigen Sofa und einem Sessel bekommen Sie bei uns zum Vorzugspreis von

1.388,00 €.

Die Garnitur aus anschmiegsamem Leder ist durch verstellbare Armlehnen, einem ausziehbaren Fußteil und einer Sitzabsenkung besonders bequem. Die Zusammenstellung der Garnitur ist aber auch durch andere Elemente möglich. Einzelheiten darüber und über die Maße finden Sie in unserem Katalog.

Die Garnitur erhalten Sie in spätestens 10 Tagen. Bei einer Abnahme von 10 Stück gewähren wir Ihnen einen Mengenrabatt von 8 %. Begleichen Sie die Rechnung innerhalb einer Woche, können Sie 3 % Skonto von der Rechnungssumme abziehen.

Sagt Ihnen unser Angebot zu? Wenn Sie weitere Informationen wünschen, rufen Sie uns doch an.

Freundliche Grüße

Möbelwerke
Bayerischer Wald GmbH

i. A.

Susi Erdle

Anlage
1 Katalog

Aufgabe

Fertigen Sie nach den folgenden Situationsbeschreibungen die Angebote an.
Beachten Sie die Schreib- und Gestaltungsregeln für die Textverarbeitung
(DIN 5008). Verwenden Sie eine Dokumentvorlage mit einem Standard-
informationsblock.

Situation 1: Angebot über einen Standkühlschrank

Als Mitarbeiter(in) der Brinkmann Küchengeräte GmbH bieten Sie dem Kaufhaus
Hausmann GmbH, Postfach 45 18 53, 40595 Düsseldorf, den Standkühlschrank
POLAR 160 zum Sonderpreis von 349,00 € an.

Innovatives Design, einfache Bedienung und übersichtliche Menüführung sind
die Vorzüge dieses Kühlschrankes der Energieeffizienzklasse A. Der Standkühlschrank hat ein Raumvolumen von 250 l Bruttoinhalt, davon entfallen 175 l auf
den Kühlraum und 75 l auf das Gefrierfach. Er ist 59,5 cm breit, 171 cm hoch
und 60 cm tief. Sie fügen dem Angebot einen Prospekt bei.

Sie können die Ware innerhalb 10 Tagen frei Haus liefern. Bei einer Abnahme von
10 Geräten gewähren Sie einen Mengenrabatt von 8 %. Wird der Rechnungsbetrag spätestens eine Woche nach Erhalt der Rechnung beglichen, räumen
Sie 2 % Skonto ein.

Situation 2: Angebot einer neuen Polstermöbelserie

Als Mitarbeiter(in) des Möbelwerkes OPTIMA GmbH bieten Sie dem Möbelmarkt
Nürnberg Nord GmbH, Postfach 23 18 95, 90425 Nürnberg, die neueste Polstermöbelserie „Paradies" an. Seit 25 Jahren stellt das Unternehmen den Bequemsessel „Stressfrei" her. Darum unterbreiten Sie den Händlern heute ein Jubiläumsangebot.

Den Bequemsessel „Paradies" bieten Sie zum Vorzugspreis von 598,00 € an. Er
ist in verschiedenen Größen und vier Ledersorten in mehr als 50 Farben erhält-
lich.

Durch ein ansprechendes Design und hohen Sitzkomfort besticht das Sofa der
Serie „Paradies". Dieses exklusive dreisitzige Sofa kostet nur 1.990,00 €. Für ein
bequemes Sitzen können die Rückenlehnen verstellt werden. Ihrem Angebot fügen Sie einen Prospekt bei.

Die Möbel der Serie „Paradies" können Sie sofort liefern. Im Übrigen gelten die
Allgemeinen Liefer- und Zahlungsbedingungen. Sie befristen das Angebot bis
zum 30. d. M.

Lösung Situationsaufgabe 1

**Brinkmann
Küchengeräte GmbH**

Brinkmann Küchengeräte GmbH · Postfach 65 12 50 · 44793 Bochum

Kaufhaus
Hausmann GmbH
Postfach 45 18 53
40595 Düsseldorf

Ihr Zeichen:
Ihre Nachricht vom:
Unser Zeichen: leh
Unsere Nachricht vom:

Name: Karin Lehmann
Telefon: 0234 5340-78
E-Mail: lehmann@brinkmann-kuechengeraete-wvd.de

Datum: 20..-12-04

**Standkühlschrank POLAR 160:
modernes Design und geringer Energieverbrauch**

Sehr geehrte Damen und Herren,

beim Kauf von Kühlschränken achten Ihre Kunden in erster Linie auf einen geringen
Energieverbrauch und auf ein ansprechendes Design. Diese Anforderungen erfüllt der
Standkühlschrank POLAR 160 in besonderer Weise. Eine einfache Bedienung und eine über-
sichtliche Menüführung sind die weiteren Vorzüge dieses technisch vollkommenen Gerätes.

Den *Standkühlschrank POLAR 160* der Energieeffizienzklasse A bieten wir Ihnen zum Vorzugspreis von **349,00 €** an. Der Kühlschrank hat ein Raumvolumen von 250 l Bruttoinhalt, davon
entfallen 175 l auf den Kühlraum und 75 l auf das Gefrierfach. Er ist 59,5 cm breit, 171 cm
hoch und 60 cm tief. Weitere Informationen entnehmen Sie bitte dem Prospekt.

Die Ware erhalten Sie innerhalb 10 Tagen frei Haus. Bestellen Sie 10 Geräte, kommen
Sie in den Genuss des Mengenrabattes von 8 %. Zusätzlich können Sie 2 % Skonto vom
Rechnungsbetrag abziehen, wenn Sie die Summe spätestens eine Woche nach Erhalt der
Rechnung überweisen.

Möchten Sie den *Standkühlschrank POLAR 160* in Ihr Sortiment aufnehmen?

Freundliche Grüße

Brinkmann
Küchengeräte GmbH

i. A.

Karin Lehmann

Anlage
1 Prospekt

Lösung Situationsaufgabe 2

Möbelwerk OPTIMA GmbH

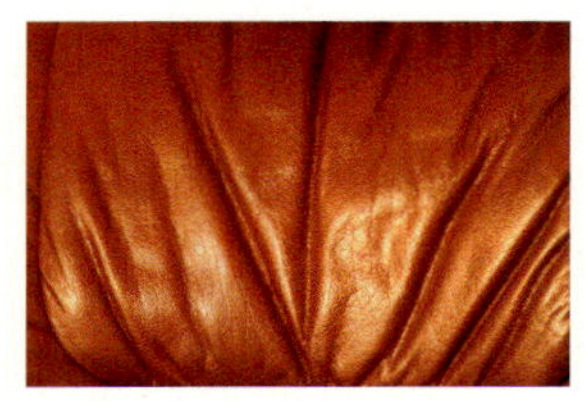

Möbelwerk OPTIMA GmbH · Postfach 22 55 10 · 30159 Hannover

Möbelmarkt
Nürnberg Nord GmbH
Postfach 23 18 95
90425 Nürnberg

Ihr Zeichen:
Ihre Nachricht vom:
Unser Zeichen: mey
Unsere Nachricht vom:

Name: Franziska Meyer
Telefon: 0511 4444-153
E-Mail: franziska.meyer@moebelwerk.optima-wvd.de

Datum: 20..-03-15

Sparen Sie durch unser Jubiläumsangebot der Polstermöbelserie „Paradies"

Sehr geehrte Damen und Herren,

seit 25 Jahren bieten wir Ihnen den Bequemsessel *„Stressfrei"* an. Das ist für uns ein erfreulicher Anlass, Sie heute mit einem Jubiläumsangebot unserer Möbelserie *„Paradies"* zu überraschen.

Den Bequemsessel *„Paradies"* erhalten Sie schon zum Vorzugspreis von **598,00 €.** Den hochwertigen und überaus bequemen Sessel können Sie in verschiedenen Größen und vier Ledersorten in mehr als 50 Farben beziehen.

Durch ein ansprechendes Design und hohen Sitzkomfort besticht das Sofa der Serie *„Paradies".* Das exklusive dreisitzige Sofa kostet nur **1.990,00 €.** Für ein bequemes Sitzen können die Rückenlehnen verstellt werden. Weitere Einzelheiten entnehmen Sie bitte dem Prospekt.

Die Möbel dieser neuen Serie *„Paradies"* können Sie sofort erhalten. Im Übrigen gelten unsere Allgemeinen Liefer- und Zahlungsbedingungen.

Haben Sie die Vorzüge der Möbelserie *„Paradies"* überzeugt? Dann bestellen Sie noch heute, denn unser Angebot gilt nur bis zum 30. d. M.

Freundliche Grüße

Möbelwerk OPTIMA GmbH

i. A.

Franziska Meyer

Anlage
1 Prospekt

INFORMATION

BESTELLUNG

Geht einer Bestellung ein Angebot voraus, bezieht sich der Besteller auf dieses Angebot. Die Bestellung kann aber auch nach einem Prospekt, einem Katalog oder einer Preisliste aufgegeben werden. Hat der Käufer bereits Artikel bezogen, verweist er bei späteren Bestellungen auf die frühere Bestellung. Der Käufer kann seine Waren schriftlich, telefonisch oder mündlich bestellen. Bestellungen können Sie auch über das Internet aufgeben. Mündliche oder telefonische Bestellungen sollten nach Möglichkeit schriftlich bestätigt werden.

Ein Kaufvertrag kommt durch ein Angebot und dessen Annahme zustande. Rechtlich gesehen, ist die Bestellung die Willenserklärung des Käufers, die Ware zu den angebotenen Bedingungen zu kaufen. Wird die Bestellung nach einem verbindlichen Angebot erteilt, ist der Kaufvertrag abgeschlossen.

Inhalt

Beziehen Sie sich auf das Angebot. Beschreiben Sie die Ware, die Sie bestellen, nach Art, Menge, Güte, Größe, Gewicht, Farbe usw. Wiederholen Sie den Preis des Angebotes. Geben Sie den Liefertermin sowie die Liefer- und Zahlungsbedingungen an. Etwaige Sondervereinbarungen sollten Sie erläutern.

Aufgabe

Fertigen Sie nach der folgenden Situationsbeschreibung die Bestellung an. Beachten Sie die Schreib- und Gestaltungsregeln für die Textverarbeitung (DIN 5008). Verwenden Sie eine Dokumentvorlage mit einem Standardinformationsblock.

Bestellung von Schreibtischen

Als Sachbearbeiter(in) der EUROP Gesellschaft GmbH haben Sie das Angebot des Unternehmens Büroorganisation Kampmann GmbH, Postfach 33 44 66, 44148 Dortmund, über den Integralschreibtisch „Tradition" geprüft. Das Angebot sagt Ihnen zu.

Sie bestellen am 10. September 10 Schreibtische zum Einzelpreis von 930,00 €, abzüglich 8 % Rabatt. Die Lieferung wünschen Sie innerhalb 10 Tagen frei Haus. Bitten Sie um eine Nachricht, wenn die Schreibtische nicht rechtzeitig geliefert werden können.

Lösung

EUROP Gesellschaft GmbH

EUROP Gesellschaft GmbH · Postfach 35 68 49 · 44135 Dortmund

Büroorganisation
Kampmann GmbH
Frau Stefanie Blank
Postfach 33 44 66
44148 Dortmund

Ihr Zeichen: bl
Ihre Nachricht vom: 20..-09-06
Unser Zeichen: gro
Unsere Nachricht vom: 20..-09-03

Name: Claudia Groß
Telefon: 0231 5235-10
E-Mail: claudia.gross@europ.gesellschaft-wvd.de

Datum: 20..-09-10

Bestellung von Schreibtischen

Sehr geehrte Frau Blank,

Ihr Angebot über Schreibtische sagt uns zu. Vielen Dank für Ihre detaillierten Ausführungen.

Bitte liefern Sie uns

10 Integralschreibtische der Marke „Tradition"

zum Einzelpreis von 930,00 €, abzüglich 8 % Rabatt. In Ihrem Angebot haben Sie uns eine Lieferung innerhalb 10 Tagen frei Haus zugesagt. Informieren Sie uns, wenn Sie die Lieferfrist nicht einhalten können.

Sicher werden Sie uns sorgfältig und pünktlich beliefern.

Freundliche Grüße

EUROP Gesellschaft GmbH

i. A.

Claudia Groß

INFORMATION

GEWÄHRLEISTUNG ZUM ZWEISEITIGEN HANDELSKAUF

Der Verkäufer ist verpflichtet, die Ware frei von Sachmängeln zu liefern. Der Kaufmann muss die gelieferte Ware unverzüglich prüfen, ob sie Mängel aufweist:

Wenn die gelieferte Ware beschädigt oder verdorben ist, handelt es sich um einen Sachmangel. Das ist auch der Fall, wenn ihr zugesicherte Eigenschaften fehlen oder sie sich nicht für die vorgesehene Verwendung eignet. Wurde die falsche Ware geliefert, steht dieser Mangel einem Sachmangel gleich. Lieferte der Verkäufer eine zu geringe oder zu hohe Menge, entspricht dieser Mangel ebenfalls einem Sachmangel.

Stellt der Kaufmann Mängel an der Ware fest, so muss er diese dem Lieferer unverzüglich mitteilen.

Aus einer Mängelrüge kann der Käufer diese Rechte geltend machen:

Der Käufer kann als *Nacherfüllung* nach seiner Wahl die Beseitigung des Mangels oder die Lieferung einer mangelfreien Sache verlangen. Nach Ablauf einer Frist zur Nacherfüllung kann der Käufer *vom Kaufvertrag zurücktreten*. Ebenfalls nach Ablauf einer Frist kann der Käufer Gewährleistungsrechte der *Minderung* geltend machen, indem er einen Preisnachlass fordert. Bei Mängeln, die der Verkäufer verschuldet hat, kann der Käufer neben der Nacherfüllung auch *Schadenersatz* verlangen, sofern ihm ein nachweisbarer Schaden entstanden ist.

Inhalt der Beanstandung

Bestätigen Sie den Empfang der Sendung. Beschreiben Sie den Mangel so genau wie möglich. Unterbreiten Sie Vorschläge, wie der Mangel behoben werden kann. Fordern Sie den Lieferer auf, sich zu äußern.

Aufgabe

Fertigen Sie nach der folgenden Situationsbeschreibung den Geschäftsbrief an. Beachten Sie die Schreib- und Gestaltungsregeln für die Textverarbeitung (DIN 5008). Verwenden Sie eine Dokumentvorlage mit einem Standardinformationsblock.

Beanstandung einer Lieferung von Schreibtischen

Als Mitarbeiter(in) der Großhandlung Müller & Co. KG haben Sie die Lieferung von 10 Integralschreibtischen, Marke Ökonom, zu beanstanden. Das Unternehmen Büro der Zukunft GmbH, Postfach 33 44 66, 44148 Dortmund, lieferte die Schreibtische.

Drei der gelieferten Schreibtische weisen an der rechten Seite 10 cm große und besonders tiefe Kratzer auf. Sie sind bereit, die Schreibtische zu behalten, wenn der Lieferer einen Preisnachlass von 25 % einräumt.

Lösung

Großhandlung Müller & Co. KG

Großhandlung Müller & Co. KG · Postfach 58 12 56 · 44137 Dortmund

Büro der Zukunft GmbH
Frau Erika Schöne
Postfach 25 18 96
44148 Dortmund

Ihr Zeichen: gd
Ihre Nachricht vom: 20..-09-20
Unser Zeichen: wi
Unsere Nachricht vom: 20..-10-01

Name: Erika Winkler
Telefon: 0231 5623-21
E-Mail: erika.winkler@grosshandlung-mueller-wvd.de

Datum: 20..-10-12

Beanstandung der Integralschreibtische, Marke Ökonom

Sehr geehrte Frau Schöne,

auf Ihr Angebot bestellten wir 10 Integralschreibtische, Marke „Ökonom", die pünktlich bei uns eintrafen.

Als wir die Schreibtische auf ihren einwandfreien Zustand prüften, stellten wir fest, dass drei Schreibtische an der rechten Seite 10 cm große und **besonders tiefe Kratzer** aufweisen.

Wenn Sie uns für die beschädigten Tische einen **Preisnachlass von 25 %** einräumen, sind wir bereit, die Schreibtische zu behalten.

Was halten Sie von diesem Vorschlag?

Freundliche Grüße

Großhandlung
Müller & Co. KG

i. A.

Erika Winkler

Aufgabe

Fertigen Sie nach den folgenden Situationsbeschreibungen die Beanstandungsschreiben an. Beachten Sie die Schreib- und Gestaltungsregeln für die Textverarbeitung (DIN 5008).

Situation 1: Beanstandung einer Lieferung von Hebelordnern

Als Mitarbeiter(in) des Unternehmens Holzbedarf Walter & Söhne KG reklamieren Sie eine Lieferung von 80 Hebelordnern HO 15 mit haltbaren Oberflächen aus Kunststoff, die Ihnen das Unternehmen Büro der Zukunft GmbH, Postfach 33 44 66, 44148 Dortmund, lieferte.

Die Ordner sind in roter Farbe geliefert worden, obwohl Sie gelbe Ordner bestellt hatten. Schlagen Sie vor, die Ordner zu behalten, wenn Ihnen ein Preisnachlass von 20 % eingeräumt wird.

Verwenden Sie eine Dokumentvorlage mit einem gestalteten Informationsblock.

Situation 2: Reklamation eines Flachbildschirms

Als Mitarbeiter(in) der Holzhandlung Neumann & Krause KG beanstanden Sie den Flachbildschirm TF 2003, den Ihnen das Unternehmen Büro der Zukunft GmbH, Postfach 33 44 66, 44148 Dortmund, lieferte. Den Bildschirm haben Mitarbeiter gleich installiert, weil er im Sekretariat dringend benötigt wurde.

Obwohl gerade in der Werbung die gute Qualität des Bildschirms hervorgehoben wurde, ist das Bild nicht deutlich zu erkennen. Der Flachbildschirm verfügt nicht über die ausreichende Kontrastschärfe, sodass sich der Bildschirm nicht für einen Dauereinsatz eignet.

Verlangen Sie den Umtausch des Bildschirms bis zum 10. d. M. Kündigen Sie an, vom Kaufvertrag zurückzutreten, wenn der Bildschirm nicht bis zu diesem Zeitpunkt geliefert wird.

Verwenden Sie eine Dokumentvorlage mit einem gestalteten Informationsblock.

Situation 3: Beanstandung einer Moderationsleinwand

Als Mitarbeiter(in) der Büromöbelfabrik Westfalia AG beanstanden Sie eine Moderationsleinwand, die Ihnen das Unternehmen Büro der Zukunft GmbH, Postfach 33 44 66, 44148 Dortmund, lieferte.

Als Sie die Leinwand auf ihre Beschaffenheit prüften, stellten Sie fest, dass sie stark beschmutzt ist. Die Schmutzflecken lassen sich nicht entfernen.

Verlangen Sie die Lieferung einer einwandfrei funktionierenden, sauberen Leinwand bis zum 20. d. M.

Verwenden Sie eine Dokumentvorlage mit einem Standardinformationsblock.

Lösung Situationsaufgabe 1

Holzbedarf
Walter & Söhne KG

Holzbedarf Walter & Söhne KG · Postfach 12 56 98 · 44135 Dortmund

Büro der Zukunft GmbH
Postfach 33 44 66
44148 Dortmund

Ihre Sachbearbeiterin:	Stefan Berger
Abteilung:	Verwaltung
Telefon:	0231 8935-12
Telefax:	0231 8935-15
E-Mail:	stefan.berger@holzbedarf-walter-soehne-wvd.co
Internet:	www.holzbedarf-walter-soehne-wvd.com
Datum:	20..-12-15

Beanstandung der gelieferten Registraturordner

Sehr geehrte Damen und Herren,

Sie lieferten uns pünktlich die bestellten **80 Hebelordner HO 15** mit haltbaren Außenflächen aus Kunststoff.

Als wir die Sendung prüften, stellten wir fest, dass Sie uns die Registraturordner nicht in der gewünschten Farbe Gelb, sondern in Rot geliefert haben.

Wenn Sie uns einen **Preisnachlass von 20 %** gewähren, sind wir bereit, die Ordner zu behalten. Sind Sie mit unserem Vorschlag einverstanden?

Freundliche Grüße

Holzbedarf
Walter & Söhne KG

i. A.

Stefan Berger

Lösung Situationsaufgabe 2

Holzhandlung
Neumann & Krause KG

Neumann & Krause KG · Postfach 2 54 39 · 59491 Soest

Büro der Zukunft GmbH
Frau Stefanie Rost
Postfach 33 44 66
44148 Dortmund

Ihre Sachbearbeiterin:	Sabine Lohmann
Abteilung:	Verwaltung
Telefon:	02921 340-10
Telefax:	02921 340-11
E-Mail:	sabine.lohmann@holz-neumann-krause-wvd.com
Internet:	www.holz-neumann-krause-wvd.com
Datum:	20..-12-14

Reklamation des Flachbildschirms TF 2003

Sehr geehrte Frau Rost,

Sie lieferten uns den **Flachbildschirm TF 2003**. Den Bildschirm haben wir gleich installiert, weil wir ihn für unser Sekretariat dringend benötigen.

In Ihrer Werbung hatten Sie gerade die gute Qualität des Bildschirms hervorgehoben. Darüber sind wir sehr enttäuscht, denn die Zeichen sind nicht deutlich zu erkennen. Der Monitor bietet nicht die ausreichende Kontrastschärfe, obwohl wir alle Einstellmöglichkeiten mehrmals ausprobiert haben. Der Bildschirm eignet sich nicht für einen Dauereinsatz.

Tauschen Sie den Bildschirm **bis zum 10. d. M.** um. Wenn Sie uns bis zu diesem Zeitpunkt keinen anderen Bildschirm liefern, treten wir vom Kaufvertrag zurück.

Sicher werden Sie alles versuchen, unseren Wunsch zu erfüllen.

Freundliche Grüße

Holzhandlung
Neumann & Krause KG

i. A.

Sabine Lohmann

Lösung Situationsaufgabe 3

Büromöbelfabrik Westfalia AG

Büromöbelfabrik Westfalia AG · Postfach 23 15 45 · 44225 Dortmund

Büro der Zukunft GmbH
Postfach 33 44 66
44148 Dortmund

Ihr Zeichen: bo
Ihre Nachricht vom: 20..-06-25
Unser Zeichen: en
Unsere Nachricht vom: 20..-06-28

Name: Thomas Enke
Telefon: 0231 210-129
E-Mail: enke@westfalia-wvd.com

Datum: 20..-07-08

Beanstandung einer Moderationsleinwand

Sehr geehrte Damen und Herren,

auf unsere Bestellung lieferten Sie uns die gewünschte Moderationsleinwand.

Als wir die Leinwand auf ihre Beschaffenheit prüften, stellten wir fest, dass sie stark beschmutzt ist. Die Schmutzflecken lassen sich nicht entfernen.

Bitte liefern Sie uns eine einwandfrei funktionierende, saubere Moderationsleinwand bis zum 20. d. M.

Sicher werden Sie unserem Wunsch entsprechen.

Freundliche Grüße

Büromöbelfabrik
Westfalia AG

i. A.

Thomas Enke

INFORMATION

ZAHLUNGSVERZUG

Der Lieferer muss darauf achten, dass seine Forderungen rechtzeitig beglichen werden. Wenn der Zahlungstermin oder eine Zahlungsfrist bei Vertragsabschluss festgelegt war, gerät der Schuldner nach Ablauf des Zahlungstermins oder der Zahlungsfrist in Verzug. Einer Mahnung bedarf es nicht, wenn der Zahlungstermin oder eine Zahlungsfrist vorher festgelegt war. Der Schuldner kommt spätestens in Verzug, wenn er nicht innerhalb von 30 Tagen nach Fälligkeit und Zugang der Rechnung zahlt.

Mit der **ersten Mahnung** erinnern Sie an die Zahlung und erwähnen den Fälligkeitstag. Dieses Erinnerungsschreiben sollten Sie freundlich abfassen. Ein Hinweis auf die eigenen Zahlungsverpflichtungen soll den Schuldner dazu veranlassen, die Rechnung zu begleichen. Dieses Schreiben sollte auch eine Aufforderung zum schnellen Rechnungsausgleich enthalten. Der Zahlungserinnerung fügen Sie aktuelle Informationen über Sonderangebote bei.

Es empfiehlt sich, die **zweite Mahnung** in einem schärferen Ton abzufassen. Sie sollten auf den verstrichenen Zahlungstermin hinweisen und eine neue Zahlungsfrist setzen. Kündigen Sie dem Schuldner an, Verzugszinsen zu berechnen und ihn mit weiteren Mahnkosten zu belasten.

In der **dritten Mahnung** setzen Sie eine letzte Zahlungsfrist. Auf die bisherigen Mahnungen weisen Sie noch einmal hin. Kündigen Sie ein gerichtliches Mahnverfahren für den Fall an, dass die Rechnung nicht beglichen wird.

Aufgabe

Fertigen Sie nach der folgenden Situationsbeschreibung das Mahnschreiben an. Beachten Sie die Schreib- und Gestaltungsregeln für die Textverarbeitung (DIN 5008). Verwenden Sie eine Dokumentvorlage mit einem Standardinformationsblock.

Zahlungserinnerung

Das Unternehmen Büro der Zukunft GmbH lieferte der Großhandlung Müller & Co. KG, Postfach 35 68 49, 44135 Dortmund, am 10. Januar d. J. 10 Schreibtische der Marke „Ökonom".

Als Sachbearbeiter(in) stellten Sie die Rechnung Nr. 394 über 10.845,90 € aus. Ein Zahlungstermin war nicht vereinbart. Die Zahlung ging aber bis zum heutigen Tage nicht auf dem Konto ein.

Sie erinnern die Großhandlung Müller & Co. KG an die fällige Zahlung des Rechnungsbetrages. Sie setzen einen neuen Zahlungstermin zum 25. Februar d. J. Sie erwähnen Ihre eigenen Zahlungsverpflichtungen und fügen einen vorbereiteten Überweisungsvordruck und einen Prospekt über aktuelle Bürostühle bei.

Lösung

Büro der Zukunft GmbH

Büro der Zukunft GmbH · Postfach 33 44 66 · 44148 Dortmund

Großhandlung
Müller & Co. KG
Postfach 35 68 49
44135 Dortmund

Ihr Zeichen: bo
Ihre Nachricht vom: 20..-12-28
Unser Zeichen: schm
Unsere Nachricht vom: 20..-01-10

Name: Beate Schmidt
Telefon: 0231 435-15
E-Mail: beate.schmidt@buero-der-zukunft-wvd.com

Datum: 20..-02-13

Ausgleich unserer Rechnung

Sehr geehrte Damen und Herren,

es kommt vor, dass wir in der Hektik des Alltags etwas vergessen. Sie haben übersehen, den Betrag unserer Rechnung Nr. 394 über

10.845,90 €

zu überweisen.

In wirtschaftlich schwierigen Zeiten sind alle Unternehmen auf den pünktlichen Eingang ihrer Außenstände angewiesen. Darum bitten wir Sie, den Rechnungsbetrag bis zum **25. Februar d. J.** auf eines unserer Konten zu überweisen. Nutzen Sie dazu den vorbereiteten Überweisungsvordruck.

Lassen Sie uns nicht länger auf den Zahlungseingang warten, indem Sie den fälligen Betrag so schnell wie möglich überweisen.

Freundliche Grüße

Büro der Zukunft GmbH

i. A.

Beate Schmidt

2 Anlagen

Aufgaben

Fertigen Sie nach den folgenden Situationsbeschreibungen die Mahnschreiben an. Beachten Sie die Schreib- und Gestaltungsregeln für die Textverarbeitung (DIN 5008). Verwenden Sie eine Dokumentvorlage mit einem Standard-informationsblock.

Situation 1: Erneute Zahlungsaufforderung

Das Unternehmen Büro der Zukunft GmbH lieferte dem Unternehmen Holz-bedarf Walter & Söhne OHG, Postfach 25 93 53, 44144 Dortmund, am 2. November d. J. 80 Registraturordner. Der Betrag der Rechnung Nr. 12 493 beläuft sich auf 168,48 €. Der Betrag ging bis heute nicht auf dem Konto ein. Auch auf die Zahlungserinnerung vom 10. Dezember d. J. reagierte das Unternehmen Walter & Söhne nicht.

Als Mitarbeiter(in) des Unternehmens Büro der Zukunft GmbH haben Sie das Unternehmen Holzbedarf Walter & Söhne OHG erneut zu mahnen. Setzen Sie einen neuen Zahlungstermin bis zum 10. Februar d. J. Kündigen Sie an, den Schuldner mit Verzugszinsen und den Kosten des Mahnverfahrens zu belasten.

Situation 2: Dritte Mahnung

Das Unternehmen Büro der Zukunft GmbH lieferte der Holzhandlung Neumann & Krause KG, Postfach 2 54 39, 59494 Soest, einen Flachbildschirm TF 2003.

Als Sachbearbeiter(in) des Unternehmens Büro der Zukunft GmbH stellten Sie am 10. November v. J. die Rechnung Nr. 11 543 über 523,00 € aus. Am 12. Dezember v. J. erinnerten Sie an den Ausgleich des Rechnungsbetrages. Auch auf die zweite Zahlungsaufforderung vom 10. Januar d. J. ging die Zah-lung bis zum heutigen Tage nicht auf dem Konto ein. Dem Mahnschreiben fü-gen Sie einen vorbereiteten Überweisungsvordruck bei.

Senden Sie der Holzhandlung Neumann & Krause KG ein drittes Mahnschreiben. Weisen Sie auf die eigenen Zahlungsverpflichtungen hin. Setzen Sie einen letzten Zahlungstermin bis zum 15. Februar d. J. Drohen Sie ein gerichtliches Mahnver-fahren an, wenn der Zahlungstermin verstreichen sollte.

Situation 3: Betrag nicht vollständig überwiesen

Das Unternehmen Versand für Bürobedarf GmbH lieferte dem Unternehmen Bürosysteme Engelhardt GmbH, Postfach 34 22 48, 28357 Bremen, am 15. Januar d. J. eine Moderationsleinwand. Der Rechnungsbetrag der Rech-nung Nr. 623 belief sich auf 356,00 €. Am 25. Januar d. J. gingen auf dem Geschäftskonto lediglich 165,00 € ein.

Als Sachbearbeiter(in) des Unternehmens Versand für Bürobedarf fragen Sie nach, warum nur ein Teilbetrag von 356,00 € überwiesen wurde. Sie fordern den Schuldner auf, den Restbetrag bis zum 15. Februar d. J. zu überweisen. Einen vorbereiteten Überweisungsvordruck fügen Sie dem Schreiben bei.

Lösung Situationsaufgabe 1

Büro der Zukunft GmbH

Büro der Zukunft GmbH · Postfach 33 44 66 · 44148 Dortmund

Holzbedarf
Walter & Söhne OHG
Postfach 25 93 53
44144 Dortmund

Ihr Zeichen: de
Ihre Nachricht vom: 20..-10-28
Unser Zeichen: schm
Unsere Nachricht vom: 20..-12-10

Name: Beate Schmidt
Telefon: 0231 435-15
E-Mail: beate.schmidt@buero-der-zukunft-wvd.com

Datum: 20..-02-20

Zahlungsaufforderung

Sehr geehrte Damen und Herren,

kann es möglich sein, dass Sie unsere Zahlungserinnerung übersehen haben? Es fällt uns schwer, daran zu glauben, weil wir Sie bereits am 10. Dezember v. J. gebeten haben, den fälligen Betrag zu überweisen.

Überweisen Sie den Betrag der Rechnung Nr. 12 493 über **168,48 €** bis zum

10. Februar d. J.

auf eines unserer Konten. Bedenken Sie auch, dass Ihnen weitere Kosten für das Mahnverfahren entstehen, wenn Sie auch diesen Zahlungstermin verstreichen lassen. Von diesem Zeitpunkt an müssen Sie auch mit Verzugszinsen rechnen. Diese zusätzlichen Kosten können Sie aber vermeiden, wenn Sie die fällige Summe jetzt überweisen.

Sicher werden Sie uns nicht noch länger warten lassen.

Freundliche Grüße

Büro der Zukunft GmbH

i. A.

Beate Schmidt

Lösung Situationsaufgabe 2

Büro der Zukunft GmbH

Büro der Zukunft GmbH · Postfach 33 44 66 · 44148 Dortmund

Holzbedarf
Neumann & Krause KG
Postfach 2 54 39
59494 Soest

Ihr Zeichen: be
Ihre Nachricht vom: 20..-11-02
Unser Zeichen: schm
Unsere Nachricht vom: 20..-01-10

Name: Beate Schmidt
Telefon: 0231 435-15
E-Mail: beate.schmidt@buero-der-zukunft-wvd.com

Datum: 20..-01-25

Mahnung

Sehr geehrte Damen und Herren,

bereits am 10. November v. J. lieferten wir Ihnen den Flachbildschirm TF 2003. Am 12. Dezember v. J. erinnerten wir Sie an den Ausgleich unserer Rechnung Nr. 11 543 über **523,00 €**. Auch auf die erneute Zahlungsaufforderung vom 10. Januar reagierten Sie nicht.

Sie können sich vorstellen, dass wir unseren Zahlungsverpflichtungen ebenfalls rechtzeitig nachkommen müssen. Darum sind wir auf den pünktlichen Eingang der Außenstände angewiesen.

Sollten Sie den Rechnungsbetrag nicht bis zum **15. Februar d. J.** überweisen, beantragen wir den Erlass eines Mahnbescheides. Dadurch entstehen Ihnen weitere Kosten, die Sie aber vermeiden können, wenn Sie den Rechnungsbetrag nun endlich überweisen. Um Ihnen die Arbeit zu erleichtern, haben wir einen Überweisungsvordruck für Sie vorbereitet.

Lassen Sie uns jetzt nicht länger auf den Zahlungseingang warten, indem Sie den Betrag so schnell wie möglich überweisen.

Freundliche Grüße

Büro der Zukunft GmbH

i. A.

Beate Schmidt

Anlage
1 Überweisungsvordruck

Lösung Situationsaufgabe 3

Versand für Bürobedarf GmbH

Versand für Bürobedarf GmbH · Postfach 3 28 · 49377 Vechta

Bürosysteme
Engelhardt GmbH
Postfach 34 22 48
28357 Bremen

Ihr Zeichen: fr
Ihre Nachricht vom: 20..-12-28
Unser Zeichen: schm
Unsere Nachricht vom: 20..-01-15

Name: Stefanie Ricken
Telefon: 0421 3280-28
E-Mail: stefanie.ricken@buerobedarf-wvd.com

Datum: 20..-01-28

Warum haben Sie nur einen Teilbetrag überwiesen?

Sehr geehrte Damen und Herren,

am 15. Januar d. J. lieferten wir Ihnen eine Moderationsleinwand. Der Betrag der Rechnung Nr. 623 belief sich auf 356,00 €.

Am 25. Januar d. J. gingen auf unserem Konto aber lediglich 165,00 € ein. Handelt es sich hierbei um ein Versehen? Warum haben Sie nur einen Teilbetrag überwiesen?

Überweisen Sie den Restbetrag in Höhe von 191,00 € bis zum **15. Februar d. J.** auf eines unserer Konten. Nutzen Sie dazu den vorbereiteten Überweisungsvordruck.

Dürfen wir nun mit dem Eingang des Restbetrages rechnen?

Freundliche Grüße

Versand für
Bürobedarf GmbH

i. A.

Stefanie Ricken

Anlage
1 Überweisungsvordruck

INFORMATION

Textbausteine sind Textteile, die sich in Geschäftsbriefen häufig wiederholen. Sie werden auch als AutoText oder Schnellbausteine bezeichnet.

Erfassen Sie die Textteile, markieren Sie diese und speichern Sie. An den variablen Textstellen setzen Sie einen Haltepunkt.

Aufgabe

Erfassen Sie die Textbausteine und speichern Sie diese unter den angegebenen Namen.

Volltext	Name	Stichwort
Anfrage nach { } Guten Tag { },	anf101	Betreff, Anrede
durch Ihre gelungene Präsentation im Internet stießen wir auf Ihr Unternehmen. Wir sind das führende Kaufhaus in unserer Stadt. Unser Bestreben ist es, unseren Kunden immer hochwertige Ware preisgünstig anzubieten.	anf102	Informationsquelle
durch Ihre Anzeige in der Fachzeitschrift { } wurden wir auf Ihr Unternehmen aufmerksam. Wir sind das führende Kaufhaus in unserer Stadt. Unser Bestreben ist es, unseren Kunden immer hochwertige Ware preisgünstig anzubieten.	anf103	Informationsquelle
Senden Sie uns bitte ein Angebot über { }. Fügen Sie Ihrem Angebot aktuelle Informationen bei, damit wir uns auch mit den Einzelheiten vertraut machen können.	anf104	Bitte um Angebot
Wie sind Ihre Liefer- und Zahlungsbedingungen? Können Sie uns bis zum { } beliefern?	anf105	Liefer- und Zahlungsbedingungen
Welche Staffelpreise gelten bei einer Abnahme großer Mengen? Informieren Sie uns auch über Ihre Liefer- und Zahlungsbedingungen.	anf106	Liefer- und Zahlungsbedingungen
Sicher werden Sie uns ein günstiges Angebot senden.	anf107	Schlusssatz
Auf Ihr attraktives Angebot sind wir schon heute sehr gespannt.		Schlusssatz
Freundliche Grüße Kaufpark Nordwest GmbH i. A. { }	anf108	Briefabschluss

Aufgabe

Als Mitarbeiter(in) des Kaufparks Nordwest GmbH richten Sie eine Anfrage an die Möbelwerke Allertal GmbH, Postfach 24 45 18, 29229 Celle. Bitten Sie um ein Angebot über Polstergarnituren. Durch das Internet wurden Sie auf das Unternehmen aufmerksam. Bitten Sie um aktuelle Informationen über die gewünschten Artikel. Fragen Sie nach den Liefer- und Zahlungsbedingungen. – Verwenden Sie eine Dokumentvorlage mit einem Standardinformationsblock.

Lösung

Kaufpark Nordwest GmbH

Kaufpark Nordwest GmbH · Postfach 25 15 · 26725 Emden

Möbelwerke
Allertal GmbH
Postfach 24 45 18
29229 Celle

Ihr Zeichen:
Ihre Nachricht vom:
Unser Zeichen: eg
Unsere Nachricht vom:

Name: Cornelia Eggers
Telefon: 04921 7441-49
Telefax: 04921 7441-50
E-Mail: eggers@kaufpark-nordwest-wvd.de

Datum: 20..-10-30

Anfrage nach Polstergarnituren

Guten Tag,

durch Ihre gelungene Präsentation im Internet stießen wir auf Ihr Unternehmen.
Wir sind das führende Kaufhaus in unserer Stadt. Unser Bestreben ist es, unseren
Kunden immer hochwertige Ware preisgünstig anzubieten.

Senden Sie uns bitte ein Angebot über

Polstergarnituren.

Fügen Sie Ihrem Angebot aktuelle Informationen bei, damit wir uns auch mit den
Einzelheiten vertraut machen können.

Welche Staffelpreise gelten bei einer Abnahme großer Mengen? Informieren Sie
uns auch über Ihre Liefer- und Zahlungsbedingungen.

Auf Ihr attraktives Angebot sind wir schon heute sehr gespannt.

Freundliche Grüße

Kaufpark
Nordwest GmbH

i. A.

Cornelia Eggers

INFORMATION 

Für Serienbriefe erstellen Sie eine Datenquelle (Steuerdatei) und ein Seriendruck-Hauptdokument (Serientextdatei). Die Datenquelle setzt sich aus verschiedenen Datensätzen zusammen. Für jeden Empfänger legen Sie einen Datensatz an. Der Steuersatz enthält die Feldnamen der Datenfelder. In einer Tabelle sind das die Überschriften. Die Einfügesätze bestehen aus Datenfeldern, also aus den variablen Textstellen, die in das Seriendruck-Hauptdokument einzufügen sind.

In das Seriendruck-Hauptdokument fügen Sie die Feldnamen (Seriendruckfelder) ein. Sie erfassen die konstanten Textstellen des Geschäftsbriefes. Sind beide Dateien gespeichert, müssen sie zusammengeführt (verbunden) werden.

PREISNACHLÄSSE BEIM RENOVIERUNGSKAUF

Das Einrichtungshaus Wiemer & Söhne KG bietet den Stammkunden in einem Renovierungskauf Teppiche zu stark ermäßigten Preisen an. Um das Sortiment zu erweitern, soll die Verkaufsfläche vergrößert werden.

In der Teppichabteilung bieten Sie über 650 kostbare orientalische Teppiche in allen Größen und aus verschiedenen Ländern zum Renovierungskauf mit einem Preisnachlass bis zu 50 % an. Stammkunden haben schon jetzt die Möglichkeit des Vorzugskaufes.

Als Mitarbeiter(in) des Einrichtungshauses Wiemer & Söhne KG informieren Sie die Stammkunden in einem Serienbrief über den Renovierungskauf.

Aufgaben

1. Fertigen Sie nach der Situationsbeschreibung den Serienbrief nach DIN 5008 an.
2. Senden Sie den Serienbrief an diese Kunden:

```
Herrn Direktor          Frau                    Herrn
Walter Schmitz          Erika Lehmann           Dr. Erich Meyer
Maximilianstraße 19     Parkstraße 36           Ackerstraße 59
59071 Hamm              59077 Hamm              59423 Unna


Frau Rechtsanwältin     Herrn Studienrat        Frau
Elfriede Wegener        Hans Steinhoff          Verena Holthoff
Gabelsbergerstraße 3    Fliederstraße 83        Jadeweg 8
44141 Dortmund          44147 Dortmund          44267 Dortmund
```

3. Erstellen Sie die Datenquelle. Wählen Sie geeignete Feldnamen aus. Speichern Sie die Datenquelle unter dem Dateinamen **Preisnachlässe-Datenquelle**.
4. Verwenden Sie eine Dokumentvorlage mit einer Bezugszeichenzeile. Speichern Sie das Seriendruck-Hauptdokument unter dem Dateinamen **Preisnachlässe-Hauptdokument**.
5. Führen Sie danach beide Dateien zusammen.

Lösung

Einrichtungshaus Wiemer & Söhne KG

Wiemer & Söhne KG · Postfach 4 38 22 · 44137 Dortmund

<<Anrede>>   <<Beruf>>
<<Titel>>   <<Vorname>>   <<Name>>
<<Straße>>
<<PLZ>>   <<Ort>>

Ihr Zeichen, Ihre Nachricht vom	Unser Zeichen, unsere Nachricht vom	Telefon, Name 0231 230-	Datum
	wi	11 Tanja Wiemer	20..-09-23

Ein besonderes Angebot für Sie

Bedingungsfeld „Guten Tag Frau" „Guten Tag Herr" <<Titel>> <<Name>>,

in unserem Möbelhaus erwartet Sie ein vielfältiges und aktuelles Angebot von Teppichen aller Art. Um unser Sortiment zu erweitern, wollen wir unsere Verkaufsfläche vergrößern. Bevor wir damit beginnen, müssen wir viel Platz schaffen. Und davon profitieren Sie!

Das bedeutet für Sie:

Viele aktuelle Angebote zu sensationellen Preisen!

Über 650 kostbare orientalische Teppiche in allen Größen und aus verschiedenen Ländern können Sie mit einem Preisnachlass von bis zu 50 % erwerben. Nur unseren Stammkunden bieten wir schon jetzt die Möglichkeit dieses Renovierungskaufes. Sichern Sie sich das Beste vom Besten!

Bedenken Sie: Nur wer zuerst kommt, kann noch aus dem Vollen schöpfen.

Freundliche Grüße

Einrichtungshaus
Wiemer & Söhne KG

i. A.

Tanja Wiemer

SERVICELEISTUNGEN FÜR FERTIGHÄUSER

Als Mitarbeiter(in) des Unternehmens FERTIGBAU GmbH bieten Sie den Kunden Serviceleistungen zur Instandhaltung und Pflege ihrer Fertighäuser an. Sie empfehlen im Rahmen einer Sonderaktion bis zum 30. November d. J. den Ausbau eines Dachgeschosses und den Einbau von Dachgauben zu Vorzugskonditionen mit einem Preisnachlass von 10 %. Ihr Unternehmen verfügt über eine 30-jährige Erfahrung im Aufbau, Ausbau und Umbau von Fertighäusern.

Das Entfernen der asbesthaltigen Zementfaserplatten durch eine Vollwärmeschutzfassade mit Putz oder Klinker schafft eine Wertverbesserung des Hauses. Besitzer, die vor 1978 gebaut haben, erhalten ein zinsgünstiges Darlehen mit einem Zinssatz von 2,15 %, während für Gebäudesanierungen nur 2 % Zinsen zu zahlen sind. Für alle Leistungen gelten Festpreise.

Aufgaben

1. Fertigen Sie nach der Situationsbeschreibung einen Serienbrief nach den Schreib- und Gestaltungsregeln für die Textverarbeitung (DIN 5008) an.
2. Bieten Sie der Kunden die Serviceleistungen an und weisen Sie auf die Sonderaktion hin.
3. Erstellen Sie die Datenquelle. Wählen Sie geeignete Feldnamen aus.

Frau Dr. Stefanie Schmale Birkenhof 34 90478 Nürnberg	Herrn Thomas Büchler Hessenstraße 43 04299 Leipzig	Herrn Hans Biermann Laatzener Straße 121 30539 Hannover
Herrn Verleger Wolfgang Rolf Bäckerstraße 73 30169 Hannover	Herrn Direktor Prof. Hans Tillmann Lindenberg 7 99425 Weimar	Frau Dagmar Seitz Budapester Straße 98 90459 Nürnberg

4. Speichern Sie Datenquelle unter dem Dateinamen Datenquelle-Service.
5. Verwenden Sie eine Dokumentvorlage mit einem Standardinformationsblock. Speichern Sie das Seriendruck-Hauptdokument unter dem Dateinamen Hauptdokument-Service.
6. Führen Sie beide Dateien zusammen.
7. Filtern Sie die Datensätze. Senden Sie die Briefe nur an Empfänger in Hannover.
8. Führen Sie die Dateien zusammen.

Lösung

Fertigbau GmbH

Fertigbau GmbH · Postfach 4 38 22 · 44137 Dortmund

<<Anrede>>   <<Beruf>>
<<Titel>>   <<Vorname>>   <<Name>>
<<Straße>>
<<PLZ>>   <<Ort>>

Ihr Zeichen:
Ihre Nachricht vom:
Unser Zeichen: ge
Unsere Nachricht vom:

Name: Katja Gebhardt
Telefon: 0231 230-15
E-Mail: gebhardt@fertigbau-wvd.de

Datum: 20..-11-23

Erhöhen Sie den Wert Ihres Fertighauses

Bedingungsfeld „Sehr geehrte Frau" „Sehr geehrter Herr" <<Titel>> <<Name>>,

vor einigen Jahren entschieden Sie sich für ein Fertighaus. Dies war sicher eine Entscheidung, die Sie bis heute noch nicht bereut haben dürften. Seit mehr als 30 Jahren sind wir beim **Aufbau, Ausbau und Umbau von Fertighäusern** der Garant für erstklassige Qualität. Mehr als 30 Jahre geben Ihnen Sicherheit, den richtigen Partner gefunden zu haben, denn Fachwissen ist durch nichts zu ersetzen.

Im Rahmen einer **Sonderaktion** bieten wir Ihnen bis zum 30. November d. J. zu Vorzugskonditionen den Ausbau Ihres Dachgeschosses und den Einbau von Dachgauben zu Festpreisen an. Gegenüber dem Normalpreis sparen Sie bei dieser Aktion 10 %.

Das Entfernen von asbesthaltigen Zementfaserplatten und das Anbringen einer Vollwärmeschutzfassade mit Putz oder Klinker schafft eine enorme Wertverbesserung Ihres Hauses. Wenn Sie vor 1978 gebaut haben, erhalten Sie ein zinsgünstiges Darlehen von 2,15 %. Für Gebäudesanierungen zahlen Sie nur 2 % Zinsen.

Nutzen Sie also die günstigen Zinssätze und unsere Vorzugspreise aus, um Ihre Wünsche zu verwirklichen. Lassen Sie sich von uns unverbindlich beraten.

Freundliche Grüße

Fertigbau GmbH

i. A.

Katja Gebhardt

ANGEBOT EINES NORDIC-WALKING-STOCKES

Als Mitarbeiter(in) des Sportartikelversandes Beyerle GmbH informieren Sie Sportfachgeschäfte über das Angebot eines neuen Nordic-Walking-Stockes.

Sie bieten den Nordic-Walking-Stock „Elasto" zum Preis von 16,90 € je Paar an. Erwähnen Sie, dass der Stock von norwegischen Ski-Langläufern während der Sommerzeit unter extremen Bedingungen getestet wurde. Das Material aus Kohlefasern mit hervorragender Vibrationsdämpfung ist superleicht und entlastet Ellenbogen, Hand- und Schultergelenke. Die verstellbare Powerschleife sorgt für die optimale Kraftübertragung. Legen Sie einen entsprechenden Flyer bei.

Stellen Sie die Lieferung in spätestens zwei Wochen frei Haus in Aussicht. Bei einer Abnahme von 50 Paar Nordic-Walking-Stöcken gewähren Sie einen Mengenrabatt von 7 %. Wird die Rechnungssumme innerhalb einer Woche überwiesen, gewähren Sie zusätzlich 2,5 % Skonto.

Aufgaben

1. Fertigen Sie nach der Situationsbeschreibung einen Serienbrief nach den Schreib- und Gestaltungsregeln für die Textverarbeitung (DIN 5008) an.
2. Informieren Sie die Sportfachgeschäfte über das Angebot. Stellen Sie die besonderen Vorteile des Nordic-Walking-Stocks „Elasto" heraus.
3. Erstellen Sie die Datenquelle. Wählen Sie geeignete Feldnamen aus.

Sportgeschäft Wenker & Schmitz Marktstraße 30 25524 Itzehoe	Sportartikel Clemens Schulze Lange Straße 123 23795 Bad Segeberg	Sportcenter Thomas Kieling Hamburger Straße 15 21614 Buxtehude
Sportausrüstungen Viktoria Baumann Mittelweg 18 21682 Stade	Sportgeschäft Verona Brinker Küsterstieg 5 21079 Hamburg	Sportfachgeschäft Susanne Beckmann Nordstraße 29 25348 Glückstadt

4. Speichern Sie die Datenquelle unter dem Dateinamen **Datenquelle-Walking**.
5. Verwenden Sie eine Dokumentvorlage mit einem Standardinformationsblock. Speichern Sie das Seriendruck-Hauptdokument unter dem Dateinamen **Hauptdokument-Walking**.
6. Führen Sie die Dateien zusammen.

Lösung

Sportartikelversand Beyerle GmbH

Sportartikelversand Beyerle GmbH · Postfach 42 91 23 · 22846 Norderstedt

<<Firma1>>
<<Firma2>>
<<Straße>>
<<PLZ>>   <<Ort>>

Ihr Zeichen:
Ihre Nachricht vom:
Unser Zeichen: lu
Unsere Nachricht vom:

Name: Sabine Luther
Telefon: 040 9581-113
E-Mail: luther-wvd@beyerle.de

Datum: 20..-11-28

Der ideale Nordic-Walking-Stock

Sehr geehrte Damen und Herren,

Nordic-Walking ist der ideale Freizeitsport, der die Gelenke schont und zum körperlichen Wohlbefinden beiträgt. Die Nachfrage nach Sportartikeln für diesen Trendsport dürfte auch bei Ihnen recht groß sein. Um Ihr Angebot zu erweitern, bieten wir Ihnen heute den

Nordic-Walking-Stock „Elasto"

zum Preis von 16,90 € je Paar an. Der Stock wurde von norwegischen Ski-Langläufern während der Sommerzeit unter extremen Bedingungen getestet. Das Ergebnis ist be-eindruckend.

Das Material aus Kohlefasern mit einer hervorragenden Vibrationsdämpfung ist super-leicht und entlastet Ellenbogen, Hand- und Schultergelenke. Die verstellbare Power-schleife sorgt für die optimale Kraftübertragung.

Sie erhalten die Lieferung in spätestens zwei Wochen frei Haus. Bei einer Abnahme von 50 Paar Stöcken kommen Sie in den Genuss eines Mengenrabattes von 7 %. Überweisen Sie die Rechnungssumme innerhalb einer Woche, können Sie zusätzlich 2,5 % Skonto vom Rechnungsbetrag abziehen.

Überzeugen Sie die Vorzüge des Nordic-Walking-Stocks „Elasto"? Dann zögern Sie nicht und bestellen Sie sofort.

Freundliche Grüße

Sportartikelversand
Beyerle GmbH

i. A.

Sabine Luther

Anlage
1 Flyer

ANGEBOT EINES NAVIGATIONSSYSTEMS

Als Mitarbeiter(in) des Elektronikhauses MEGA GmbH bieten Sie Ihren Kunden das Navigationssystem NAV 100 zum Vorzugspreis von 299,00 € einschließlich Mehrwertsteuer an.

In dem Gesamtpaket sind ein qualitativ hochwertiges Radio, ein CD-Spieler und ein MP3-Player enthalten. In dem gut lesbaren TFT-Farbdisplay ist jede Kreuzung eindeutig zu erkennen. Eine dynamische Routenführung ist auch auf Bundesstraßen gewährleistet. Mit einer CD-ROM erhalten Sie eine europaweite Navigation.

Das Navigationssystem lässt sich unproblematisch installieren und einfach bedienen. Die Menüführung ist kinderleicht. Das Navigieren und das Hören von Musik sind gleichzeitig möglich.

Fordern Sie die Kunden zum Besuch Ihres Elektronikhauses auf.

Aufgaben

1. Fertigen Sie nach der Situationsbeschreibung einen Serienbrief nach den Schreib- und Gestaltungsregeln für die Textverarbeitung (DIN 5008) an.
2. Informieren Sie die unten aufgeführten Kunden über das Angebot des Navigationssystems NAV 100 mit den besonderen Vorzügen.
3. Erstellen Sie die Datenquelle. Wählen Sie geeignete Feldnamen aus.

Herrn Rechtsanwalt Dr. Hans Deckert Schwarzer Damm 15 14473 Potsdam	Frau Anna Dombrowski Wursterwitzer Straße 3 14774 Brandenburg	Herrn Martin Eikenbusch Werderscher Markt 54 10117 Berlin
Frau Johanna Feldmann Von-Luck-Straße 48 14129 Berlin	Herrn Facharzt Dr. Jürgen Fischer Kurfürstendamm 201 10719 Berlin	Frau Direktorin Dr. Eva Hoffmann Kolonie Moosgarten 10 14482 Potsdam

4. Speichern Sie die Datenquelle unter dem Dateinamen Datenquelle-Navigation.
5. Verwenden Sie eine Dokumentvorlage mit einem Standardinformationsblock. Speichern Sie das Hauptdokument unter dem Dateinamen Hauptdokument-Navigation.
6. Filtern Sie die Datensätze. Senden Sie die Briefe nur an Empfänger in Berlin.
7. Führen Sie beide Dateien zusammen.

Lösung

Elektronikhaus MEGA GmbH

Elektronikhaus MEGA GmbH · Postfach 58 58 18 · 14471 Potsdam

Ihr Zeichen:
Ihre Nachricht vom:
Unser Zeichen: ri
Unsere Nachricht vom:

Name: Paul Richter
Telefon: 0331 4444-25
E-Mail: richter@mega-wvd.de

Datum: 20..-05-28

<<Anrede>>   <<Beruf>>
<<Titel>>   <<Vorname>>   <<Name>>
<<Straße>>
<<PLZ>>   <<Ort>>

Erreichen Sie Ihr Fahrziel sicher – mit dem Navigationssystem NAV 100

Bedingungsfeld „Guten Tag Frau" „Guten Tag Herr" <<Titel>> <<Name>>,

sicher haben Sie sich schon oft gewünscht, auf Knopfdruck an Ihr Fahrziel zu gelangen. Das ist heute kein Problem mehr: Mit dem neuen Navigationssystem NAV 100 erreichen Sie jede Straße, mag sie auch noch so klein sein – und das absolut stressfrei!

Diesen Komfort bekommen Sie schon für

299,00 € einschließlich Mehrwertsteuer.

Das ist doch ein wahrhaft günstiger Preis! Meinen Sie nicht auch?

In dem Gesamtpaket sind noch ein qualitativ hochwertiges Radio, ein CD-Spieler und ein MP3-Player enthalten. Ein TFT-Farbdisplay der Extraklasse hilft Ihnen, jede Kreuzung und jede kleine Gasse eindeutig zu erkennen. Eine dynamische Routenführung ist auch für Bundesstraßen vorhanden. Mit einer CD-ROM erhalten Sie sogar eine europaweite Navigation.

Das Navigationssystem NAV 100 lässt sich problemlos installieren und recht einfach bedienen. Zudem ist die Menüführung kinderleicht. Das NAV 100 ermöglicht es Ihnen, beim Navigieren gleichzeitig Musik zu hören.

Am besten kommen Sie einmal bei uns vorbei und lassen sich das Navigationssystem NAV 100 vorführen. Wann dürfen wir mit Ihrem Besuch rechnen?

Freundliche Grüße

Elektronikhaus MEGA GmbH

i. A.

Paul Richter

ANGEBOT EINES DVD-REKORDERS

Als Mitarbeiter(in) der Sonic Elektronik-AG bieten Sie Ihren Händlerkunden den neuen DVD-Rekorder RDR HX 910 mit einer 500-GB-Festplatte zum Aufnehmen von Fernsehsendungen und einer exzellenten Bildqualität zum Vorzugspreis von 799,00 € an.

Die Aufzeichnungen können von der Festplatte auf DVD-R- und DVD-RW-Datenträger übernommen werden. Die Wiedergabe der Aufnahmen ist im MP3-Format oder im JPEG-Format möglich. Das Matrix-D-System trägt zur Rauschminderung bei. Während einer Live-Fernsehsendung kann die Aufzeichnung angehalten werden. Eine zeitversetzte Wiedergabe ist während der Aufnahme möglich. Einen Prospekt fügen Sie dem Schreiben bei.

Aufgaben

1. Fertigen Sie nach der Situationsbeschreibung einen Serienbrief nach den Schreib- und Gestaltungsregeln für die Textverarbeitung (DIN 5008) an.
2. Informieren Sie die unten aufgeführten Händlerkunden über das Angebot des DVD-Rekorders RDR HX 910. Stellen Sie die Vorzüge des Gerätes besonders heraus.
3. Erstellen Sie die Datenquelle. Wählen Sie geeignete Feldnamen aus.

Handelsmarkt Sedelmayer GmbH Postfach 85 28 30 98 80634 München	Donaucenter Einkaufsmarkt Postfach 4 57 50 93047 Regensburg	Frankenpark Einkaufszentrum Postfach 67 98 77 90459 Nürnberg
JUPITER Elektronikmarkt Postfach 44 78 58 90459 Nürnberg	Elektronik-Supermarkt Holzmann & Schneider Postfach 3 80 20 93047 Regensburg	Neue Medien Elektronikbedarf Postfach 66 34 15 97070 Würzburg

4. Speichern Sie die Datenquelle unter dem Dateinamen **Datenquelle-Rekorder**.
5. Verwenden Sie eine Dokumentvorlage mit einer Bezugszeichenzeile. Speichern Sie das Seriendruck-Hauptdokument unter dem Dateinamen **Hauptdokument-Rekorder**.
6. Filtern Sie die Datensätze. Senden Sie die Briefe nur an Empfänger in **Regensburg**.
7. Führen Sie beide Dateien zusammen.

Lösung

Sonic Elektronik-AG

Sonic Elektronik-AG · Postfach 6 12 12 · 38640 Goslar

<<Firma1>>
<<Firma2>>
<<Postfach>>
<<PLZ>>   <<Ort>>

Ihr Zeichen, Ihre Nachricht vom	Unser Zeichen, unsere Nachricht vom	Telefon, Name 05321 5555-	Datum
	bru	135 Thorsten Bruns	20..-09-02

Hervorragende Bildqualität mit dem DVD-Rekorder RDR HX 910

Sehr geehrte Damen und Herren,

immer mehr Kunden bevorzugen für die Aufzeichnung von Fernsehsendungen DVD-Rekorder. Für die Kaufentscheidung spielt der Preis oft nicht die entscheidende Rolle, sondern die Qualität der Wiedergabe.

Heute stellen wir Ihnen den DVD-Rekorder RDR HX 910 vor, der hohen Ansprüchen gerecht wird. Das Hochleistungsgerät verfügt über eine 500-GB-Festplatte, also ausreichend Speicherkapazität für stundenlange Aufzeichnungen von Fernsehsendungen. Die Aufzeichnung kann danach auf DVD-R- oder DVD-RW-Datenträger übernommen werden. Im MP3-Format oder im JPEG-Format ist die Wiedergabe dann möglich.

Für eine gute Wiedergabequalität sorgt auch das Matrix-D-System. Es vermeidet Nebengeräusche und bietet so einen hervorragenden Klang. Das Gerät RDR HX 910 bietet aber noch weitere Vorzüge: Während einer Live-Fernsehsendung können Sie die Aufzeichnung anhalten. Eine zeitversetzte Wiedergabe ist während der Aufzeichnung möglich. Weitere Einzelheiten entnehmen Sie bitte dem Prospekt.

Und jetzt fragen Sie nach dem Preis: Schon für 799,00 € bekommen Sie den hochwertigen DVD-Rekorder RDR HX 910.

Überzeugt Sie dieses Angebot? Dann zögern Sie also nicht lange und bestellen Sie sofort.

Freundliche Grüße

Sonic Elektronik-AG

i. A.

Thorsten Bruns

Anlage
1 Prospekt

729084

ANFRAGE NACH BÜROSTÜHLEN

Sie sind Mitarbeiter(in) der Großhandlung Schmalstieg & Kröner GmbH. Ihre Verwaltung soll vergrößert werden. Dafür benötigen Sie Bürostühle, die den neuesten ergonomischen Ansprüchen gerecht werden. Durch das Internet wurden Sie auf die unten aufgeführten Unternehmen aufmerksam. Sie stellen Ihr Unternehmen kurz vor. Seit 1953 betreiben Sie in Duisburg eine Großhandlung für Haushaltartikel. In den letzten Jahren hat sich der Absatz Ihrer Artikel ständig erhöht.

Diese Anforderungen stellen Sie an den Bürostuhl: Er soll sich durch vielfältige Einstellmöglichkeiten dem individuellen Körperbau anpassen und einen mühelosen Übergang zwischen verschiedenen Sitzpositionen ermöglichen. Um den Schultergürtel und die Wirbelsäule von überflüssiger Muskelarbeit zu entlasten, sollen Armlehnen vorhanden sein.

Bitten Sie um Informationen über die Liefer- und Zahlungsbedingungen. Die Lieferung wünschen Sie bis zum 22. d. M.

Aufgaben

1. Fertigen Sie nach der Situationsbeschreibung einen Serienbrief nach den Schreib- und Gestaltungsregeln für die Textverarbeitung (DIN 5008) an.
2. Fordern Sie Angebote über Bürostühle bei diesen Unternehmen an:

Büro 2010 Schulze & Partner OHG Postfach 23 45 21 46045 Oberhausen	Büroorganisation Steinhoff & Co. KG Postfach 35 78 20 46045 Oberhausen	Büromöbelhaus Fleischer GmbH Postfach 22 33 50 45127 Essen
Bürobedarf Helga Meiners OHG Postfach 3 54 22 65 44137 Dortmund	Organisationsmittel Biermann & Sohn KG Postfach 5 39 12 95 44137 Dortmund	Bürosysteme Christian Neu KG Postfach 3 31 50 44 45127 Essen
Büro und Freizeit Walter Böhm OHG Postfach 1 45 78 43 45127 Essen	Büroservice Anja Keller GmbH Postfach 4 21 89 34 45127 Essen	Büromöbel Hans Weber GmbH Postfach 9 23 19 48 44137 Dortmund

3. Legen Sie eine Datenquelle an und speichern Sie diese unter dem Dateinamen **Datenquelle-Bürostuhl**.
4. Verwenden Sie für das Seriendruck-Hauptdokument eine Dokumentvorlage mit einem Standardinformationsblock. Formulieren Sie den Geschäftsbrief empfängerbezogen. Speichern Sie das Seriendruck-Hauptdokument unter dem Datei-namen **Hauptdokument-Bürostuhl**.
5. Filtern Sie die Datensätze. Senden Sie Briefe nur an die Empfänger in **Essen**.
6. Führen Sie beide Dateien zusammen.

Lösung

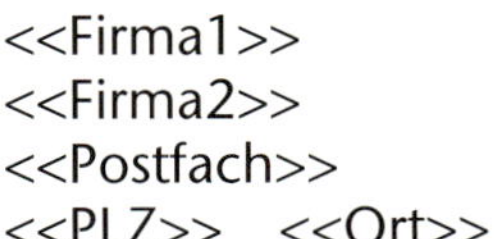

Großhandlung
Schmalstieg & Kröner GmbH

Schmalstieg & Kröner GmbH · Postfach 34 32 59 · 47051 Duisburg

<<Firma1>>
<<Firma2>>
<<Postfach>>
<<PLZ>>   <<Ort>>

Ihr Zeichen:
Ihre Nachricht vom:
Unser Zeichen: stra
Unsere Nachricht vom:

Name: Tanja Stratmann
Telefon: 0203 115-20
Telefax: 0203 115-30
E-Mail: info@schmalstieg-kroener-wvd.de

Datum: 20..-12-13

Anfrage nach Bürostühlen

Sehr geehrte Damen und Herren,

durch Recherchen im Internet stießen wir auf Ihr Unternehmen. Für unsere Verwaltung möchten wir neue Bürostühle anschaffen, die den neuesten ergonomischen Ansprüchen gerecht werden.

Seit 1953 betreiben wir in Duisburg eine Großhandlung für Haushaltartikel. In den letzten Jahren hat sich der Absatz unserer Artikel kontinuierlich erhöht. Das ist auch der Grund, warum wir unsere Verwaltung vergrößern möchten.

Senden Sie uns bitte ein

Angebot über Bürostühle,

die sich durch vielfältige Einstellmöglichkeiten dem individuellen Körperbau anpassen und einen mühelosen Übergang zwischen den verschiedenen Sitzpositionen ermöglichen. Um den Schultergürtel und die Wirbelsäule von überflüssiger Muskelarbeit zu entlasten, sollen Armenlehnen vorhanden sein.

Informieren Sie uns bitte über Ihre Liefer- und Zahlungsbedingungen. Können Sie uns bis zum 22. d. M. beliefern?

Sicher werden Sie uns ein günstiges Angebot unterbreiten. Darauf sind wir schon heute sehr gespannt.

Freundliche Grüße

Großhandlung
Schmalstieg & Kröner GmbH

i. A.

Tanja Stratmann

ANGEBOT EINER MIKROWELLE

Als Mitarbeiter(in) der Großhandlung Schladerer GmbH bieten Sie Ihren Händlerkunden die Mikrowelle 280 Plus zum Vorzugspreis von 189,00 € an.

Stellen Sie diese Vorzüge des Gerätes besonders heraus: Mit der Inverter-Tech-
nologie werden die Speisen schonend zubereitet, weil diese Technik mit konti-
nuierlicher Energieabgabe arbeitet. Dadurch werden die Speisen bis zu 30 %
schneller, schonender und gleichmäßiger erwärmt. Wertvolle Nährstoffe und der
Geschmack bleiben auf diese Weise erhalten. Die Leistung dieser Mikrowelle liegt
bei 1000 Watt. Der Edelstahlgarraum hat ein Volumen von 27 l. Das Gerät lässt
sich digital oder mechanisch bedienen. Dem Schreiben fügen Sie einen Prospekt
bei, aus dem weitere technische Einzelheiten zu entnehmen sind.

Bei einer Abnahme von 10 Geräten räumen Sie einen Mengenrabatt von 9 % ein.
Für den Kaufvertrag gelten die Allgemeinen Liefer- und Zahlungsbedingungen.

Aufgaben

1. Fertigen Sie nach der Situationsbeschreibung einen Serienbrief nach den
   Schreib- und Gestaltungsregeln für die Textverarbeitung (DIN 5008) an.
2. Bieten Sie diesen Unternehmen das Mikrowellengerät 280 Plus an:

```
Haushaltwaren            Küchentechnik              Küche und Haushalt
Webelein GmbH            Steinmeyer OHG             Lehmann & Sohn KG
Frau Ilse Beimer         Herrn Franz Riemer        Frau Eva Klein
Postfach 3 65 29         Postfach 65 22 19         Postfach 55 76 50
79540 Lörrach            73529 Schwäbisch Gmünd    71065 Sindelfingen


Moderner Haushalt        Haushalttechnik           Alles für den Haushalt
Huber & Sohn GmbH        Berkemeyer GmbH           Hartmann & Co. KG
Herrn Josef Bettinger    Frau Edeltraud Schön      Frau Doris Bender
Postfach 3 45 32 71      Postfach 8 32 19 46       Postfach 2 45 93 87
70173 Stuttgart          70173 Stuttgart           70173 Stuttgart
```

3. Legen Sie eine Datenquelle an und speichern Sie diese unter dem Dateinamen
   Datenquelle-Mikrowelle.
4. Verwenden Sie für das Seriendruck-Hauptdokument eine Dokumentvorlage
   mit einem Standardinformationsblock. Formulieren Sie den Geschäftsbrief
   empfängerbezogen. Speichern Sie das Seriendruck-Hauptdokument unter
   dem Dateinamen **Hauptdokument-Mikrowelle**.
5. Filtern Sie die Datensätze und senden Sie die Briefe nur an Empfänger in
   Stuttgart.
6. Führen Sie beide Dateien zusammen.

Lösung

Großhandlung Schladerer GmbH

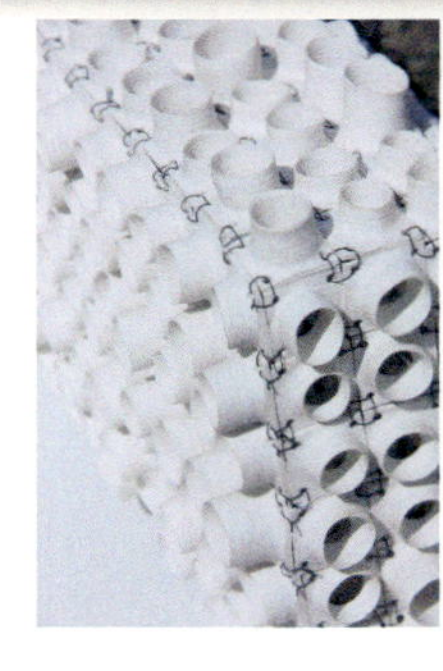

Großhandlung Schladerer GmbH · Postfach 64 19 93 · 70173 Stuttgart

Ihr Zeichen:
Ihre Nachricht vom:
Unser Zeichen: hu
Unsere Nachricht vom:

<<Firma1>>
<<Firma2>>
<<Anrede>>   <<Vorname>>   <<Name>>
<<Postfach>>
<<PLZ>>   <<Ort>>

Name: Edeltraud Huber
Telefon: 0711 4535-28
Telefax: 0711 4535-30
E-Mail: huber@schladerer-wvd.de

Datum: 20..-03-20

Energie sparen und die Nährstoffe erhalten mit der Mikrowelle 280 Plus

Bedingungsfeld „Sehr geehrte Frau" „Sehr geehrter Herr" <<Name>>,

in den privaten Haushalten wird immer mehr darauf geachtet, dass die Speisen energiebewusst zubereitet werden. Dass dabei der Geschmack erhalten bleiben muss, versteht sich von selbst.

Mit der **Mikrowelle 280 Plus** sparen Ihre Kunden Energie und bereiten die Speisen schonend zu, weil die Energieabgabe kontinuierlich erfolgt. Dadurch werden die Gerichte bis zu 30 % schneller und gleichmäßiger erwärmt. Wertvolle Nährstoffe und der Geschmack bleiben so erhalten. Die Leistung der **Mikrowelle 280 Plus** liegt bei 1000 Watt. Sie hat einen Edelstahlgarraum mit einem Volumen von 27 l. Aber auch das dürfte für Ihre Kunden interessant sein: Das Gerät lässt sich digital oder mechanisch bedienen. Weitere Details entnehmen Sie bitte dem Prospekt.

Und nun zum Preis: Die Qualitätsmikrowelle 280 Plus bekommen Sie zum **Vorzugspreis von 189,00 €**. Bevor Sie bestellen, sollten Sie wissen, dass wir Ihnen bei einer Abnahme von 10 Geräten einen Preisnachlass von 9 % gewähren. Ist dies kein Anreiz, dieses Gerät in Ihr Sortiment aufzunehmen? Für die Abwicklung des Kaufvertrages gelten unsere Allgemeinen Liefer- und Zahlungsbedingungen.

Die **Mikrowelle 280 Plus** wird auch Ihre Kunden begeistern. Zögern Sie also nicht und bestellen Sie noch heute.

Freundlich grüßt Sie

Großhandlung
Schladerer GmbH

i. A.

Edeltraud Huber

Anlage
1 Prospekt

REISE ZUR INSEL RÜGEN

Als Mitarbeiter(in) des Unternehmens Bustouristik Schuhmacher KG bieten Sie Ihren Kunden eine 5-tägige Reise vom 1. bis 5. Oktober d. J. zur Insel Rügen zum Vorzugspreis von 298,00 € an.

Die Reise führt in die reizvolle Landschaft der Mecklenburgischen Seenplatte und über die Rügenbrücke auf Deutschlands größte Insel. Auf einer Rundfahrt werden die Besucher von zerklüfteten Steilküsten, langen Sandstränden, der blauen Ostsee und malerischen Fischerdörfern beeindruckt sein. Betriebsame Häfen, mondäne Seebäder, die Kreidefelsen am Königsstuhl oder das Kap Arkona bieten dem Besucher optimale Fotomotive.

Die Reisenden werden in einem 4-Sterne-Hotel untergebracht. Im Preis sind vier reichhaltige Frühstücksbuffets und vier Abendessen sowie eine Schifffahrt zur Insel Hiddensee enthalten.

Zur Information fügen Sie dem Schreiben einen Prospekt bei. Der Anmeldeschluss für die Reise ist der 10. September d. J.

Aufgaben

1. Fertigen Sie nach der Situationsbeschreibung einen Serienbrief nach den Schreib- und Gestaltungsregeln für die Textverarbeitung (DIN 5008) an.
2. Bieten Sie diesen Kunden die Reise an:

Frau Rechtsanwältin Anke Schröder Mühlbachstraße 15 45891 Gelsenkirchen	Herrn Amtsrat Klaus Rosenau Borussiastraße 83 44149 Dortmund	Frau Heide Rosenberg Dahlhauser Höhe 75 44879 Bochum
Herrn Direktor Dr. Max Waldmann Kruppstraße 25 45128 Essen	Frau Studienrätin Dr. Hilde Küppers Margaretenstraße 25 45144 Essen	Herrn Felix Brinkmann Knappenstraße 15 // III 46238 Bottrop

3. Legen Sie eine Datenquelle an und speichern Sie unter dem Dateinamen **Rügenreise-Datenquelle**.
4. Verwenden Sie für das Seriendruck-Hauptdokument eine Dokumentvorlage mit einem Standardinformationsblock. Formulieren Sie den Geschäftsbrief empfängerbezogen. Speichern Sie das Seriendruck-Hauptdokument unter dem Dateinamen **Rügenreise-Hauptdokument**.
5. Senden Sie die Briefe an die Empfänger in **Essen**.
6. Führen Sie beide Dateien zusammen.

Lösung

Bustouristik
Schuhmacher KG

BTS

Bustouristik Schuhmacher KG · Postfach 19 43 90 · 44793 Bochum

<<Anrede>>   <<Beruf>>
<<Titel>>   <<Vorname>>   <<Name>>
<<Straße>>
<<PLZ>>   <<Ort>>

Ihr Zeichen:
Ihre Nachricht vom:
Unser Zeichen: ma
Unsere Nachricht vom:

Name: Sabine Marquardt
Telefon: 0234 4535-20
Telefax: 0234 4535-50
E-Mail: info@bus-schuhmacher-wvd.de

Datum: 20..-09-02

Entspannen Sie sich auf Deutschlands größter Insel

Bedingungsfeld „Guten Tag Frau" „Guten Tag Herr" <<Titel>> <<Name>>,

auch der Herbst hat seine schönen Tage. Was halten Sie von einer 5-tägigen Reise nach Rügen? Verbringen Sie vom 1. bis 5. Oktober d. J. schöne Tage auf Deutschlands größter Insel.

Die Reise führt Sie in die reizvolle Landschaft der Mecklenburgischen Seenplatte und über die Rügenbrücke auf die Insel Rügen. Auf einer Rundfahrt werden Sie von zerklüfteten Steilküsten, langen Sandstränden, der blauen Ostsee und malerischen Fischerdörfern beeindruckt sein. Betriebsame Häfen, mondäne Seebäder, die Kreidefelsen am Königsstuhl oder das Kap Arkona bieten Ihnen optimale Fotomotive. Diese Reise kostet Sie lediglich

298,00 €.

Dafür sind Sie in einem 4-Sterne-Hotel untergebracht. Sie nehmen vier reichhaltige Frühstücksbuffets und vier Abendessen ein. Eine Schifffahrt zur Insel Hiddensee ist in dem Preis ebenfalls enthalten. Weitere Einzelheiten entnehmen Sie bitte dem Prospekt.

Haben wir Ihr Interesse geweckt? Dann melden Sie sich bis zum 10. September d. J. an, damit wir Ihren Reiseplatz reservieren können.

Freundliche Grüße

Bustouristik
Schuhmacher KG

i. A.

Sabine Marquardt

Anlage
1 Prospekt

DAS NEUE REISEPROGRAMM

Als Mitarbeiter(in) des Reisebüros Berlin-Schöneberg informieren Sie die Kunden über das aktuelle Reiseprogramm.

Sie stellen heraus, dass sich das Reiseteam bemüht hat, ein ausgewogenes Reiseprogramm anzubieten. Einer der Reiseschwerpunkte sollen diesmal Russland-Reisen sein. Für viele Reisende dürfte sich mit der Sonderzugreise ein Lebenstraum erfüllen. Eine Fahrt mit der Transsibirischen Eisenbahn von Moskau nach Peking dürfte für viele die Reise ihres Lebens sein. Besonders reizvoll sind auch die Nächte auf einer Flussreise von Moskau nach St. Petersburg.

Eine Ostseekreuzfahrt führt die Besucher von Kiel nach Stockholm. Auf 14 Inseln und 2400 Schären-Inseln wartet die schwedische Hauptstadt auf Touristen und lädt zu einem Stadtrundgang durch die Altstadt ein. Von dort geht es nach Helsinki. Nach erlebnisreichen Tagen in der finnischen Hauptstadt führt die Reiseroute nach St. Petersburg. Dort besichtigen die Besucher eine der größten Gemäldesammlungen der Welt und die Sehenswürdigkeiten der Stadt.

Sie versprechen den Kunden, sie bei der Planung ihrer Urlaubsreise individuell zu beraten.

Aufgabe

1. Fertigen Sie nach der Situationsbeschreibung einen Serienbrief nach den Schreib- und Gestaltungsregeln für die Textverarbeitung (DIN 5008) an.
2. Senden Sie den Serienbrief an diese Kunden:

Frau Dr. Tanja Schwerdt Mauerstraße 135 13597 Berlin	Herrn Tobias Franke Königsteinstraße 87 12309 Berlin	Frau Regierungsdirektorin Dipl.-Volkw. Ilse Rüther Ahornstraße 25 14482 Potsdam
Herrn Studienrat Dipl.-Hdl. Markus Brand Waldstraße 34 14774 Brandenburg	Frau Silvia König Mittelstraße 7 14776 Brandenburg	Herrn Verleger Dr. Herbert Lange Fasanenstraße 96 39114 Magdeburg

3. Legen Sie eine Datenquelle an. Speichern Sie unter dem Dateinamen **Reiseprogramm-Datenquelle**.
4. Verwenden Sie eine Dokumentvorlage mit einer Bezugszeichenzeile. Formulieren Sie den Geschäftsbrief empfängerbezogen. Speichern Sie das Seriendruck-Hauptdokument unter dem Dateinamen **Reiseprogramm-Hauptdokument**.
5. Filtern Sie die Datensätze und senden Sie die Briefe nur an die Empfänger in **Brandenburg**.
6. Führen Sie beide Dateien zusammen.

Lösung

Reisebüro Berlin-Schönberg

Reisebüro Berlin-Schöneberg · Postfach 87 55 15 · 12157 Berlin

<<Anrede>>
<<Titel1>> <<Titel2>> <<Vorname>> <<Name>>
<<Postfach>>
<<PLZ>> <<Ort>>

Ihr Zeichen, Ihre Nachricht vom	Unser Zeichen, unsere Nachricht vom	Telefon, Name 030 5551-	Datum
	rüh	15 Heike Rühmann	20..-03-18

Buchen Sie Ihre Traumreise

Bedingungsfeld „Guten Tag Frau" „Guten Tag Herr" <<Titel1>> <<Name>>,

dürfen wir Ihnen unser aktuelles Reiseprogramm vorstellen? Unser Reiseteam hat sich bemüht, ein ausgewogenes Programm zusammenzustellen, das sicher auch Ihren Reisetraum verwirklicht.

Was halten Sie von einer Reise nach **Russland**? Russland ist diesmal einer unserer Reiseschwerpunkte. Auf einer Sonderzugreise dürfte sich für Sie ein Lebenstraum erfüllen. Eine Fahrt mit der Transsibirischen Eisenbahn von Moskau nach Peking wird für Sie bestimmt zum Erlebnis Ihres Lebens. Besonders reizvoll können aber auch die Nächte auf einer Flussreise von Moskau nach St. Petersburg sein.

Wie wäre es aber mit einer **Ostseekreuzfahrt**? Von Kiel fahren Sie nach Stockholm. Auf 14 Inseln und 2400 Schären-Inseln wartet die schwedische Hauptstadt auf Sie und lädt Sie zu einem Stadtrundgang durch die Altstadt ein. Von dort geht es nach Helsinki. Nach erlebnisreichen Tagen in der finnischen Hauptstadt fahren Sie dann weiter nach St. Petersburg. Dort besichtigen Sie eine der größten Gemäldesammlungen der Welt und die Sehenswürdigkeiten der Stadt. Weitere Informationen finden Sie in unserem Reiseprogramm.

Lassen Sie sich von uns individuell beraten. Es ist für uns eine Freude, gemeinsam mit Ihnen Ihre Traumreise zu planen.

Freundliche Grüße

Ihr Reisebüro
Berlin-Schöneberg

i. A.

Heike Rühmann

Anlage
1 Reiseprogramm

ANGEBOT VON FREIZEITBEKLEIDUNG FÜR DAMEN

Als Mitarbeiter(in) der Textilfabrik Brandner & Co. GmbH unterbreiten Sie Ihren Händlerkunden ein Angebot über Touring-Blusen und Touring-Jacken für Damen. Sie bringen einen Hinweis darauf, dass erst kürzlich die Aktion „Deutschland bewegt sich" ins Leben gerufen wurde.

Die Touring-Bluse „Sahara" aus atmungsaktiver Baumwolle bieten Sie für nur 24,90 € an. In der geräumigen Brusttasche mit Klettverschluss sind Tickets und Geld sicher aufbewahrt. Mit dem klassischen Kragen, doppelter Schulterpassage, Doppelsteppnähten und verstellbaren 2-Knopf-Manschetten eignet sich diese Bluse ideal für Ausflugstouren.

Die Touring-Jacke „Aquastopp" bieten Sie schon für 79,90 € an. In diese Jacke dringt kein Regentropfen ein. Trotzdem ist sie atmungsaktiv und leicht, denn sie wiegt nur 600 g. An dieser modischen Jacke ist die Kapuze abtrennbar. Der Reißverschluss befindet sich unter einer Deckleiste. Die altsilberfarbenen Druckknöpfe geben der Jacke einen besonderen Schick. Fügen Sie dem Angebot auch Prospekte bei.

Verweisen Sie auf die Allgemeinen Liefer- und Zahlungsbedingungen.

Aufgabe

1. Fertigen Sie nach der Situationsbeschreibung einen Serienbrief nach den Schreib- und Gestaltungsregeln für die Textverarbeitung (DIN 5008) an.
2. Senden Sie den Serienbrief an diese Händlerkunden:

Boutique Markmann & Strauß GmbH Frau Monika Klein Hardenbergstraße 15 04275 Leipzig	Damenbekleidung Eva Brinkmann KG Frau Vera Schulze Friedrich-List-Platz 20 01069 Dresden	Trendsport Michael Gruber GmbH Frau Karin Bestmann Postfach 42 19 53 34 10243 Berlin
Alles für die Dame Krause & Schmitz OHG Frau Elvira Schönfeld Chausseestraße 94 10115 Berlin	Bekleidungshaus „Aktuelle Mode" GmbH Frau Anke Brüsewitz Lützowufer 17 10785 Berlin	Sport und Freizeit Wenker & Friedrich KG Herrn Mark Schuh Postfach 34 28 19 09111 Chemnitz

3. Legen Sie eine Datenquelle an. Speichern Sie unter dem Dateinamen **Touring-Datenquelle**.
4. Verwenden Sie für das Seriendruck-Hauptdokument eine Dokumentvorlage mit einer Bezugszeichenzeile. Formulieren Sie den Geschäftsbrief empfängerbezogen. Speichern Sie unter dem Dateinamen **Touring-Hauptdokument**.
5. Filtern Sie die Datensätze. Senden Sie die Briefe an die Empfänger in **Berlin**.
6. Führen Sie beide Dateien zusammen.

Lösung

Textilfabrik Brandner & Co. GmbH

Textilfabrik Brandner & Co. GmbH · Postfach 55 15 · 33602 Bielefeld

<<Firma1>>
<<Firma2>>
<<Anrede>>   <<Vorname>>   <<Name>>
<<Postfach>>
<<PLZ>>   <<Ort>>

Ihr Zeichen, Ihre Nachricht vom	Unser Zeichen, unsere Nachricht vom	Telefon, Name 0521 2020-	Datum
	gr	185 Frauke Grundhoff	20..-06-10

Angebot von Touring-Kleidung

Bedingungsfeld „Sehr geehrte Frau" „Sehr geehrter Herr" <<Name>>,

sportliche Betätigung liegt im Trend. Ein Zeichen dafür ist auch die jüngst ins Leben gerufene Aktion „Deutschland bewegt sich". Für Sie als Fachhändler für Damenbekleidung kommt es darauf an, die gewünschten Artikel für sportliche Aktivitäten anzubieten. Sicher werden auch Artikel für Rad- oder Wandertouren bei Ihren Kunden gefragt sein. Dazu bieten wir Ihnen zwei interessante Kleidungsstücke an.

Die **Touring-Bluse „Sahara"** aus atmungsaktiver Baumwolle bieten wir schon für **24,90 €** an. In der geräumigen Brusttasche mit Klettverschluss lassen sich Tickets und Geld sicher aufbewahren. Mit dem klassischen Kragen, einer doppelten Schulterpassage, Doppelsteppnähten und verstellbaren 2-Knopf-Manschetten eignet sich diese Bluse ideal für Ausflugstouren.

Um sich vor schlechtem Wetter zu schützen, sollten Sie Ihren Kunden die **Touring-Jacke „Aquastopp"** anbieten. Der Preis für diese qualitativ hochwertige Jacke liegt bei nur **79,90 €**. Durch diese Jacke dringt kein Regentropfen. Trotzdem ist sie atmungsaktiv und wunderbar leicht, denn sie wiegt nur 600 g. An dieser modischen Jacke ist die Kapuze abtrennbar. Der Reißverschluss befindet sich unter einer Deckleiste. Die altsilberfarbenen Druckknöpfe geben der Jacke einen besonderen Schick. Nähere Informationen entnehmen Sie bitte den Prospekten.

Für den Bezug der Waren gelten unsere Allgemeinen Liefer- und Zahlungsbedingungen. Sind Sie an einer Erweiterung Ihres Sortimentes interessiert, empfehlen wir Ihnen, sofort zu bestellen.

Freundliche Grüße

Textilfabrik
Brandner & Co. GmbH

i. A.

Frauke Grundhoff

Anlagen
2 Prospekte

ANGEBOT EINES GARTENHÄCKSLERS

Als Mitarbeiterin des Gartenfachmarktes Böhmer KG bieten Sie Ihren Kunden Gartenhäcksler an. Erwähnen Sie, dass gerade im Herbst Äste, Zweige und Reisig zu zerkleinern sind und zu Mulch oder wertvollem Kompost verarbeitet werden können.

Der Gartenhäcksler 2200 ist mit einem neuen Wendemessersystem ausgestattet und zerkleinert bis zu 4 cm dicke Äste. Er verfügt über einen großen Einfülltrichter und lässt sich leicht transportieren. Um Verletzungen vorzubeugen, ist ein Motorschutzschalter und eine Sicherheitsabschaltung vorhanden. Der Preis für das Modell 2200 beträgt nur 119,00 €.

Eine Alternative zu dem Gartenhäcksler 2200 ist das Modell 2500. Dieses Gerät erhielt erst kürzlich für das hervorragende Design einen Preis. Es ist ebenfalls mit einem neuartigen Wendemessersystem ausgestattet und bietet mit dem strapazierfähigen Auffangsack eine Erleichterung bei der Gartenarbeit. Das stabile Fahrgestell verhindert Transportschäden. Dieses Hochleistungsgerät bieten Sie zum Vorzugspreis von 169,00 € an. Das Angebot gilt nur bis zum 30. d. M.

Aufgabe

1. Fertigen Sie nach der Situationsbeschreibung für Ihre Kunden einen Serienbrief nach den Schreib- und Gestaltungsregeln für die Textverarbeitung (DIN 5008) an.
2. Richten Sie den Brief an diese Kunden:

Herrn Dr. Michael Schulze Mühlenbergstraße 27 12487 Berlin	Frau Direktorin Susanne Schumacher Königsberger Straße 25 48238 Brandenburg	Herrn Thomas Reuther Lützowstraße 15 10785 Berlin
Frau Dr. Renate Brinkmann Schillerstraße 25 19059 Schwerin	Herrn Geschäftsführer Jens Ehrenberg Lübecker Straße 45 // III 18057 Rostock	Frau Rechtsanwältin Dr. Mechthild Grieger Lausitzer Straße 28 02828 Görlitz

3. Legen Sie eine Datenquelle an und speichern Sie unter dem Dateinamen **Garten-Datenquelle**.
4. Verwenden Sie für das Seriendruck-Hauptdokument eine Dokumentvorlage mit einem gestalteten Informationsblock. Formulieren Sie den Geschäftsbrief empfängerbezogen. Speichern Sie das Seriendruck-Hauptdokument unter dem Dateinamen **Garten-Hauptdokument**.
5. Filtern Sie die Datensätze und senden Sie die Briefe nur an die Empfänger in **Berlin**.
6. Führen Sie beide Dateien zusammen.

Lösung

Gartenfachmarkt Böhmer KG

Gartenfachmarkt Böhmer KG · Postfach 20 39 12 · 14471 Potsdam

Ihre Sachbearbeiterin:	Claudia Becker
Abteilung:	Verkauf

<<Anrede>>   <<Beruf>>
<<Titel>>   <<Vorname>>   <<Name>>
<<Straße>>
<<PLZ>>   <<Ort>>

Telefon:	0331 2234-25
Telefax:	0331 2234-30
E-Mail:	becker@gartenfachmarkt-boehmer-wvd.com
Internet:	www.gartenfachmarkt-boehmer-wvd.com
Datum:	20..-09-18

Leichte Baumpflege und Abfallbeseitigung mit unseren Gartenhäckslern

Bedingungsfeld „Guten Tag Frau" „Guten Tag Herr" <<Titel>> <<Name>>,

in einigen Tagen ist Herbstanfang. Das ist die günstigste Zeit, um Ihre Bäume und Sträucher wieder zurückzuschneiden, damit sie auch im nächsten Jahr blühen und reichlich Früchte tragen. Aber wohin mit den Ästen? Mit unseren Gartenhäckslern können Sie die Äste, Zweige und Reisig zu Mulch oder wertvollem Kompost verarbeiten und somit wieder verwenden.

Hierfür eignet sich der *Gartenhäcksler 2200* mit einem neuen Wendemessersystem, mit dem Sie bis zu 4 cm dicke Äste zerkleinern können. Über einen großen Einfülltrichter können Sie viele Äste gleichzeitig einführen und verarbeiten. Für Sie wird es einfach sein, dieses Gerät zu transportieren. Damit Sie sich nicht verletzen, sind ein Motorschutzschalter und eine Sicherheitsabschaltung vorhanden. Diesen leistungsstarken Häcksler bekommen Sie bei uns schon für **119,00 €**.

Eine Alternative zum Modell 2200 bietet Ihnen der *Gartenhäcksler 2500*. Das Gerät erhielt erst kürzlich einen Preis für das hervorragende Design. Aber auch technisch wird Sie dieses Gerät beeindrucken. Lassen Sie sich das hervorragende Wendemessersystem erklären und sehen Sie sich den strapazierfähigen Auffangsack an, der Ihnen die Gartenarbeit erleichtert. Das stabile Fahrgestell verhindert Transportschäden. Dieses Hochleistungsgerät bieten wir Ihnen zum Vorzugspreis von **169,00 €** an.

Sind Sie an einer Vorführung der Geräte interessiert? Dann kommen Sie möglichst schnell in unseren Fachmarkt, denn das Angebot gilt nur bis zum 30. d. M.

Freundliche Grüße

Gartenfachmarkt
Böhmer KG

i. A.

Claudia Becker

ANGEBOT VON GARTENMÖBELN

Als Mitarbeiter(in) des Unternehmens GARTO Gartenmöbel AG informieren Sie verschiedene Baumärkte, die noch nicht zu Ihren Kunden gehören, über Ihr Angebot an Gartenmöbeln.

Bieten Sie klassisch-elegante Möbel aus Aluminium für Garten, Terrasse, Balkon und Wintergarten an. Durch das wachsende Interesse der Kunden an hochwertigen Gartenmöbeln können Sie heute ein umfangreiches Angebot präsentieren.

In dem 212 Seiten umfassenden aktuellen Sommerkatalog sind 98 verschiedene Artikel näher beschrieben. Sie sind aus Aluminiumguss hergestellt, haben eine wetterfeste Pulverbeschichtung und sind dadurch besonders pflegeleicht. Dieser Katalog kann kostenlos angefordert werden. Dafür haben Sie eine Antwortkarte vorbereitet.

Alle Produkte können innerhalb 14 Tagen geliefert werden. Im Übrigen gelten die Allgemeinen Liefer- und Zahlungsbedingungen.

Aufgabe

1. Fertigen Sie nach der Situationsbeschreibung einen Serienbrief an und berücksichtigen Sie dabei die Schreib- und Gestaltungsregeln für die Textverarbeitung (DIN 5008).
2. Richten Sie das Angebot an diese Baumärkte:

```
Baumarkt                Garten- und Baumarkt    Bauen & Wohnen
Münstermann GmbH        CENTRO GmbH             Winter GmbH
Postfach 1 43 95        Postfach 42 20 13       Postfach 78 95 15
28195 Bremen            22767 Hamburg           30159 Hannover


Schönbrunn              Weser-Ems-Baumarkt      OSNA-Baumarkt
Baumärkte AG            Oldenburg KG            Meyer GmbH
Postfach 35 28 96       Postfach 4 13 19        Postfach 23 18 95
38102 Braunschweig      26123 Oldenburg         49084 Osnabrück
```

3. Legen Sie eine Datenquelle an. Speichern Sie unter dem Dateinamen **Gartenmöbel-Datenquelle**.
4. Verwenden Sie für das Seriendruck-Hauptdokument eine Dokumentvorlage mit einem Standardinformationsblock. Formulieren Sie den Geschäftsbrief empfängerbezogen. Speichern Sie das Seriendruck-Hauptdokument unter dem Dateinamen **Gartenmöbel-Hauptdokument**.
5. Führen Sie beide Dateien zusammen.

Lösung

GARTO Gartenmöbel AG

GARTO Gartenmöbel AG · Postfach 45 12 38 · 30159 Hannover

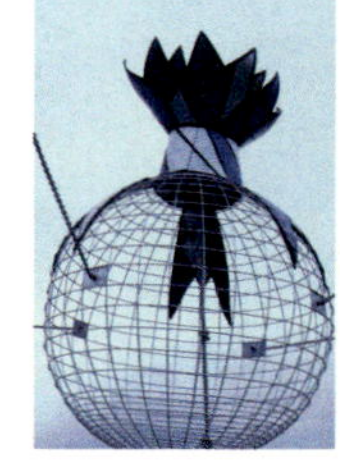

<<Firma1>>
<<Firma2>>
Postfach <<Postfach>>
<<PLZ>>   <<Ort>>

Ihr Zeichen:
Ihre Nachricht vom:
Unser Zeichen: kl
Unsere Nachricht vom:

Name: Anke Kleine
Telefon: 0511 2222-139
Telefax: 0511 2222-150
E-Mail: info@garto-wvd.de

Datum: 20..-04-15

Möchten Sie unser Sortiment an Gartenmöbeln kennenlernen?

Sehr geehrte Damen und Herren,

jeder Garten, jeder noch so kleine Balkon ist eine Oase im Alltag, eine eigene ganz private Welt zum Entspannen und Genießen. Mit unserer Erfahrung, Gartenmöbel zu entwerfen, die höchsten Qualitätsansprüchen gerecht werden, wollen wir Ihren Kunden diesen wertvollen Wohnraum noch wohnlicher machen: Mit unseren klassisch-eleganten Möbeln aus Aluminium für Garten, Terrasse, Balkon und Wintergarten.

Durch das wachsende Interesse unserer Kunden an hochwertigen Gartenmöbeln entwickelte sich unser heutiges Angebot. Auf 212 Seiten präsentieren wir Ihnen in unserem Sommerkatalog 98 verschiedene Artikel. Alle Erzeugnisse sind aus Aluminiumguss hergestellt, haben eine wetterfeste Pulverbeschichtung und sind dadurch besonders pflegeleicht.

Alle Produkte liefern wir Ihnen innerhalb 14 Tagen. Im Übrigen gelten unsere Allgemeinen Liefer- und Zahlungsbedingungen.

Möchten Sie unsere Gartenmöbel kennenlernen? Dann senden Sie uns die vorbereitete Antwortkarte noch heute zu. Sie erhalten dann kostenlos den aktuellen Sommerkatalog.

Freundliche Grüße

Anlage
1 Antwortkarte

GARTO
Gartenmöbel AG

i. A.

Anke Kleine

ANFRAGE NACH GEWÄCHSHÄUSERN

Als Mitarbeiter(in) der Garten- und Baumärkte WESER-EMS GmbH richten Sie eine bestimmte Anfrage an verschiedene Lieferer. Auf die Unternehmen wurden Sie durch die guten Internetpräsentationen aufmerksam. Da es sich um die erste Anfrage handelt, stellen Sie Ihr Unternehmen vor. Die Baumärkte in Oldenburg, Bremen, Leer und Aurich bestehen seit 1993. Die Umsätze haben sich in den letzten Jahren ständig erhöht. Das Unternehmen beschäftigt 215 Mitarbeiterinnen und Mitarbeiter und gilt als führend in der Branche.

Sie wünschen ein Angebot über qualitativ hochwertige Gewächshäuser in verschiedenen Ausführungen. Sie sollen diese Anforderungen erfüllen: Größe bis zu 6 m², ein Stahlfundament, Verstrebungen aus verstärktem Aluminium, Hohlkammerstegplatten 4 mm dick. Sie bitten um ausführliche Prospekte.

Erfragen Sie die Liefer- und Zahlungsbedingungen sowie die Staffelpreise bei der Abnahme größerer Mengen.

Aufgaben

1. Fertigen Sie nach der Situationsbeschreibung einen Serienbrief an. Berücksichtigen Sie dabei die Schreib- und Gestaltungsregeln für die Textverarbeitung (DIN 5008).
2. Senden Sie die Anfrage an diese Lieferer:

Metallwarenfabrik Grundmann & Söhne GmbH Postfach 25 22 48 38102 Braunschweig	Metallverarbeitung Rhein-Ruhr AG Postfach 5 12 48 78 47051 Duisburg	W & G Wintergärten GmbH Postfach 12 98 23 19 40215 Düsseldorf
Metallwaren Grünental & Sohn GmbH Postfach 4 21 65 29 45127 Essen	Metallwerke Hagen & Meier KG Postfach 21 59 18 45879 Gelsenkirchen	HANSE-Metallwerke Hamburg-Altona AG Postfach 4 83 19 55 22765 Hamburg

3. Legen Sie eine Datenquelle an. Speichern Sie unter dem Dateinamen Gewächshäuser-Datenquelle.
4. Verwenden Sie für das Seriendruck-Hauptdokument eine Dokumentvorlage mit einer Bezugszeichenzeile. Formulieren Sie den Geschäftsbrief empfängerbezogen. Speichern Sie das Seriendruck-Hauptdokument unter dem Dateinamen Gewächshäuser-Hauptdokument.
5. Führen Sie beide Dateien zusammen.

Lösung

Garten- und Baumärkte
WESER-EMS GmbH

Garten- und Baumärkte WESER-EMS GmbH · 26122 Oldenburg

\<\<Firma1\>\>
\<\<Firma2\>\>
\<\<Postfach\>\>
\<\<PLZ\>\>   \<\<Ort\>\>

Ihr Zeichen, Ihre Nachricht vom	Unser Zeichen, unsere Nachricht vom	Telefon, Name 0441 22355-	Datum
	mei	112 Sonja Meiners	20..-05-21

Anfrage nach Gewächshäusern

Sehr geehrte Damen und Herren,

durch Ihre gelungene Internetpräsentation wurden wir auf Ihr Unternehmen aufmerksam. Als führendes Unternehmen in Nordwestdeutschland möchten wir unseren Kunden künftig unterschiedliche qualitativ hochwertige Gewächshäuser anbieten.

Unsere Baumärkte in Oldenburg, Bremen, Leer und Aurich mit 215 Mitarbeiterinnen und Mitarbeitern bestehen seit 1993. Die Umsätze haben sich in den letzten Jahren ständig erhöht.

Bitte senden Sie uns ein **Angebot über qualitativ hochwertige Gewächshäuser** in verschiedenen Ausführungen. Sie sollen bis zu 6 m² groß sein, über ein Stahlfundament verfügen und Verstrebungen aus verstärktem Aluminium aufweisen. Für die Hohlkammerstegplatten wünschen wir eine Stärke von 4 mm. Fügen Sie Ihrem Angebot bitte ausführliche Prospekte bei.

Wie sind Ihre Liefer- und Zahlungsbedingungen? Informieren Sie uns auch über die Staffelpreise bei einer Abnahme größerer Mengen.

Sicher werden Sie uns ein attraktives Angebot unterbreiten. Darauf sind wir schon heute sehr gespannt.

Freundliche Grüße

Garten- und Baumärkte
WESER-EMS GmbH

i. A.

Sonja Meiners

ANGEBOT EXKLUSIVER HERRENOBERBEKLEIDUNG

Als Mitarbeiter(in) der Bekleidungsfabrik Niederrhein AG bieten Sie Ihren Händlerkunden das Sakko „Nizza" und die Bequemhose „Milano" an.

Das knitterarme Sakko „Nizza" bieten Sie zum Einzelpreis von 78,00 € an. In Schwarzweiß eignet sich dieses Sakko für alle Anlässe. Das leicht körnige Tuch aus feinfädigen Garnen bringt das Dessin besonders zur Geltung. Es ist extrem knitterarm und wird vor allem auf Reisen gern getragen. Die Mischung aus 55 % Polyester und 45 % Schurwolle wirkt angenehm klimatisierend.

Die pflegeleichte Dehnhose „Milano" überzeugt durch klassisch-gepflegte Optik und erstklassigen Tragekomfort. Für 39,00 € bieten Sie diese Hose an. Das Mischgewebe mit einem hohen Schurwolleanteil liegt weich auf der Haut. Die elastische Hose passt sich jeder Bewegung an und ist besonders formbeständig.

Sie können die Erzeugnisse sofort liefern. Bei einer Abnahme von 100 Stück gewähren Sie einen Mengenrabatt von 8 %. Darüber hinaus räumen Sie 2,5 % Skonto ein, wenn der Rechnungsbetrag innerhalb einer Woche überwiesen wird.

Aufgaben

1. Fertigen Sie nach der Situationsbeschreibung einen Serienbrief nach den Schreib- und Gestaltungsregeln für die Textverarbeitung (DIN 5008) an.
2. Senden Sie den Brief an diese Händlerkunden:

A & B Handelsmarkt GmbH Postfach 34 54 12 80939 München	Einkaufscenter Nord GmbH Postfach 3 54 78 86150 Augsburg	Citymarkt München GmbH Postfach 56 19 20 80634 München
Donaucenter Regensburg GmbH Postfach 4 57 50 93047 Regensburg	Frankenpark Nürnberg AG Postfach 67 98 77 90459 Nürnberg	Supermarkt Holzmann KG Postfach 3 80 20 93047 Regensburg

3. Legen Sie eine Datenquelle an. Speichern Sie unter dem Dateinamen **Herrenoberbekleidung-Datenquelle**.
4. Verwenden Sie eine Dokumentvorlage mit einem Standardinformationsblock. Formulieren Sie den Geschäftsbrief empfängerbezogen. Speichern Sie das Seriendruck-Hauptdokument unter dem Dateinamen **Herrenoberbekleidung-Hauptdokument**.
5. Filtern Sie die Datensätze. Senden Sie die Briefe nur an die Empfänger in **München**.
6. Führen Sie beide Dateien zusammen.

Lösung

Bekleidungsfabrik Niederrhein AG

Bekleidungsfabrik Niederrhein AG · Postfach 25 15 · 47798 Krefeld

<<Firma1>>
<<Firma2>>
Postfach <<Postfach>>
<<PLZ>>   <<Ort>>

Ihr Zeichen:
Ihre Nachricht vom:
Unser Zeichen: bu
Unsere Nachricht vom:

Name: Heike Buschmann
Telefon: 02151 4441-49
Telefax: 02151 4441-50
E-Mail: buschmann@bkniederrhein-wvd.de

Datum: 20..-10-32

Nehmen Sie das Qualitätssakko „Nizza" und die Dehnhose „Milano" in Ihr Sortiment auf

Sehr geehrte Damen und Herren,

Ihr Bestreben ist es, Ihren Kunden hochwertige Ware anzubieten. Mit dem knitterarmen Sakko „Nizza" und mit der Bequemhose „Milano" setzen Sie neue Qualitätsmaßstäbe.

Das hochwertige Sakko „Nizza" eignet sich in Schwarzweiß für alle Anlässe. Das leicht körnige Tuch aus feinfädigen Garnen bringt das Dessin besonders zur Geltung. Es ist extrem knitterarm und wird vor allem auf Reisen gern getragen. Die Mischung aus 55 % Polyester und 45 % Schurwolle wirkt angenehm klimatisierend. Das Sakko bekommen Sie schon für 78,00 €.

Die pflegeleichte Dehnhose „Milano" überzeugt durch klassisch-gepflegte Optik und erstklassigen Tragekomfort. Das Mischgewebe mit einem hohen Schurwolleanteil liegt weich auf der Haut. Die elastische Hose passt sich jeder Bewegung an und ist besonders formbeständig. Für nur 39,00 € können Sie diese Hose bei uns beziehen.

Die Erzeugnisse erhalten Sie sofort nach Ihrer Bestellung. Bei einer Abnahme von 100 Stück profitieren Sie von einem Mengenrabatt von 8 %. Überweisen Sie den Rechnungsbetrag innerhalb einer Woche, können Sie zusätzlich 2,5 % Skonto von der Rechnungssumme abziehen.

Wollen Sie Ihren Kunden diese Qualitätswaren anbieten? Dann zögern Sie nicht und bestellen Sie sofort.

Freundliche Grüße

Bekleidungsfabrik
Niederrhein AG

i. A.

Heike Buschmann

ANFRAGE NACH LEISTUNGSSTARKEN HECKENSCHEREN

Als Mitarbeiter(in) des Baumarktes Rhein-Ruhr GmbH richten Sie eine Anfrage nach Heckenscheren an verschiedene Anbieter, auf die Sie bei Recherchen im Internet gestoßen sind. Sie möchten Ihre Angebotspalette erweitern.

Da es sich um die erste Anfrage handelt, stellen Sie Ihr Unternehmen vor. Ihr Baumarkt wurde im Jahre 1975 in Oberhausen gegründet. Inzwischen gibt es weitere Baumärkte in Essen und Duisburg. Der Umsatz erhöhte sich von Jahr zu Jahr stetig. Zurzeit beschäftigt der Baumarkt Rhein-Ruhr 158 Mitarbeiterinnen und Mitarbeiter.

Sie wünschen leistungsstarke Heckenscheren mit einer Motorleistung von 400 bis 600 Watt, einer Schwertlänge von 50 bis 60 cm und einer Schnittlänge von 60 cm. Eine Sicherheitskupplung und ein transparenter Handschutz sollten vorhanden sein.

Sie fragen nach, ob bei einer Abnahme größerer Mengen auch Rabatte eingeräumt werden und bitten um Angabe der Liefer- und Zahlungsbedingungen.

Aufgaben

1. Fertigen Sie nach der Situationsbeschreibung einen Serienbrief nach den Schreib- und Gestaltungsregeln für die Textverarbeitung (DIN 5008) an.
2. Senden Sie die Anfrage an diese Lieferer:

Metallwerke Thüringen GmbH Postfach 34 23 78 99084 Erfurt	Metalltechnik METECH GmbH Postfach 12 54 78 30159 Hannover	Metallverarbeitung Schreiber & Co. KG Postfach 45 78 97 22765 Hamburg
Frankfurter Eisen- und Metallverarbeitung GmbH Postfach 24 28 39 72 60325 Frankfurt	Metallveredelung Neumann GmbH Postfach 2 45 18 97 30159 Hannover	Gartenwerkzeuge und Baubedarf KG Postfach 45 95 90084 Erfurt

3. Legen Sie eine Datenquelle an. Speichern Sie unter dem Dateinamen **Anfrage2-Datenquelle**.
4. Verwenden Sie eine Dokumentvorlage mit einem Standardinformationsblock. Formulieren Sie den Geschäftsbrief empfängerbezogen. Speichern Sie das Seriendruck-Hauptdokument unter dem Dateinamen **Anfrage2-Hauptdokument**.
5. Filtern Sie die Datensätze. Senden Sie die Briefe nur an Empfänger in **Erfurt**.
6. Führen Sie beide Dateien zusammmen.

Lösung

Baumarkt Rhein-Ruhr GmbH

BRR

Baumarkt Rhein-Ruhr GmbH · Postfach 23 88 19 · 46045 Oberhausen

<<Firma1>>
<<Firma2>>
Postfach <<Postfach>>
<<PLZ>>   <<Ort>>

Ihr Zeichen:
Ihre Nachricht vom:
Unser Zeichen: mei
Unsere Nachricht vom:

Name: Vera Meister
Telefon: 0208 9853-20
Telefax: 0208 9853-10
E-Mail: vera.meister-@brr-wvd.de

Datum: 20..-09-13

Anfrage nach leistungsstarken Heckenscheren

Sehr geehrte Damen und Herren,

unser Ziel ist es, unseren Kunden immer qualitativ hochwertige Gartengeräte anzubieten. Darum möchten wir unsere Angebotspalette durch leistungsstarke Heckenscheren erweitern. Durch Recherchen im Internet wurden wir auf Sie aufmerksam.

Zunächst möchten wir uns kurz vorstellen. Im Jahre 1975 eröffneten wir in Oberhausen den ersten Baumarkt, danach folgten weitere Märkte in Essen und Duisburg.
Der Umsatz unseres Unternehmens erhöhte sich von Jahr zu Jahr. Zurzeit beschäf-
tigen wir 158 Mitarbeiterinnen und Mitarbeiter.

Bitte senden Sie uns ein Angebot über **leistungsstarke Heckenscheren**, die eine
Motorleistung von 400 bis 600 Watt, eine Schwertlänge von 50 bis 60 cm und
eine Schnittlänge von 60 cm haben. Eine Sicherheitskupplung und ein transparenter Handschutz sollten vorhanden sein.

Gewähren Sie bei einer Abnahme größerer Mengen auch Rabatte? Wie sind Ihre
Liefer- und Zahlungsbedingungen?

Sicher werden Sie uns ein günstiges Angebot zusenden.

Freundliche Grüße

Baumarkt
Rhein-Ruhr GmbH

i. A.

Vera Meister

ANTWORT AUF BEWERBUNGSSCHREIBEN

Als Personalsachbearbeiter(in) der Großhandlung Schreiber & König GmbH sind Sie für die Einstellung des Personals verantwortlich. Auf Ihre Stellenanzeige im HAMBURGER TAGEBLATT haben sich mehrere Damen und Herren um die Stelle einer Bürokauffrau bzw. eines Bürokaufmanns beworben. Darum dauert es eine längere Zeit, bis Sie alle Bewerbungsunterlagen geprüft haben.

Informieren Sie die Bewerber(innen), dass die Durchsicht der Bewerbungsunterlagen erst nach den Herbstferien abgeschlossen sein wird. Fordern Sie die Bewerber(innen) gleichzeitig auf, die fehlenden Bewerbungsunterlagen so schnell wie möglich zu senden.

Aufgaben

1. Erstellen Sie eine Steuerdatei (Datenquelle) mit diesen Feldnamen:

   Geschlecht – Vorname – Name – Straße – PLZ – Ort – Fehlende Unterlagen

   Bei „Geschlecht" setzen Sie „männlich" oder „weiblich" ein.

Elvira	Schulze	Brahmsallee 25	20144	Hamburg	das Passfoto
Stefan	Wenker	Bojendamm 65	21033	Hamburg	das letzte Schulzeugnis
Dagmar	Hartmann	Schinkelstraße 8	25335	Elmshorn	den tabellarischen Lebenslauf
Tom	Seeler	Bojendamm 25	21033	Hamburg	das letzte Schulzeugnis
Erna	Brandt	Meerweg 25	26133	Oldenburg	das Passfoto

2. Speichern Sie unter dem Dateinamen **Datenquelle-Bürokauffrau**.
3. Verwenden Sie für den Serienbrief eine Dokumentvorlage mit einem Standardinformationsblock.
4. Stellen Sie für das Seriendruck-Hauptdokument Schriftart Verdana, Schriftgrad 10,5, ein.
5. Fügen Sie die Feldnamen in das Seriendruck-Hauptdokument ein.
6. Formulieren Sie den Geschäftsbrief empfängerbezogen.
7. Wählen Sie für diese Optionen Bedingungsfelder:
   Anrede (Herrn – Frau)
   Anrede (Guten Tag Herr – Guten Tag Frau)
   Bewerber (Bürokauffrau – Bürokaufmann)
8. Speichern Sie das Seriendruck-Hauptdokument unter dem Dateinamen **Hauptdokument-Bürokauffrau**.
9. Führen Sie beide Dateien zusammen.

LÖSUNG DER SITUATIONSAUFGABE

Großhandlung Schreiber & König GmbH

Großhandlung Schreiber & König GmbH · Postfach 87 55 15 · 20095 Hamburg

Ihr Zeichen:
Ihre Nachricht vom: 07-08-30
Unser Zeichen: ju
Unsere Nachricht vom:

Name: Eva Jungmann
Telefon: 040 545-34
Telefax: 040 545-30
E-Mail: eva.jungmann@schreiberkoenig-wvd.de

Datum: 20..-09-10

Bedingungsfeld „Frau" „Herrn"
<<Vorname>>   <<Name>>
<<Straße>>
<<PLZ>>   <<Ort>>

Ihre Bewerbung um die Stelle als Bedingungsfeld „Bürokauffrau" „Bürokaufmann"

Bedingungsfeld „Guten Tag Frau" „Guten Tag Herr" <<Name>>,

Sie haben sich auf unsere Stellenanzeige im HAMBURGER TAGEBLATT um die Stelle als Bedingungsfeld „Bürokauffrau" „Bürokaufmann" beworben. Für das Interesse an unserem Unternehmen danken wir Ihnen.

Neben Ihnen haben sich noch weitere Bewerberinnen und Bewerber um die Stelle beworben. Sicher verstehen Sie, dass die Durchsicht aller Bewerbungsunterlagen eine längere Zeit dauern wird. Nach den Herbstferien informieren wir Sie, wie wir uns entschieden haben.

Ihre Bewerbungsunterlagen sind noch unvollständig. Bitte senden Sie uns „Fehlende_ Unterlagen" so schnell wie möglich zu. Dafür danken wir Ihnen.

Haben Sie bitte noch etwas Geduld.

Freundliche Grüße

Großhandlung
Schreiber & König GmbH

i. A.

Eva Jungmann

INFORMATION 

Zum Versenden von Serienbriefen, denen Prospekte oder Broschüren beizufügen sind, benötigen Sie größere Briefhüllen. Zum Beschriften dieser Briefhüllen erstellen Sie Etiketten mit der Serienbrieffunktion.

Für den Etikettendruck legen Sie eine Datenquelle an oder öffnen eine bereits vorhandene. Ist die Datenquelle geöffnet, fügen Sie in das Seriendruck-Hauptdokument die Seriendruckfelder ein. Haben Sie die Etiketten aktualisiert, hat das Seriendruck-Hauptdokument ein solches Aussehen:

«Anrede» «Vorname» «Name» «Straße» «PLZ» «Ort»	«Nächster Datensatz»«Anrede» «Vorname» «Name» «Straße» «PLZ» «Ort»	«Nächster Datensatz»«Anrede» «Vorname» «Name» «Straße» «PLZ» «Ort»

Sie können bestimmte Datensätze auswählen oder die Datensätze nach bestimmten Kriterien filtern. Die Datenquelle müssen Sie nun noch mit dem Seriendruck-Hauptdokument verbinden.

Aufgabe

Erstellen Sie eine Datenquelle für den Etikettendruck mit diesen Feldnamen an:

Firma1 – Firma2 – Anrede – Vorname – Name – Postfach – PLZ – Ort

Büromöbelfabrik Westerwald GmbH Frau Anke Müller Postfach 13 45 32 56410 Montabaur	RBE Versicherung auf Gegenseitigkeit Herrn Max Kloos Postfach 23 43 09 14057 Berlin	Deutsche Bank AG Hauptniederlassung Frau Katja Ebbers Postfach 87 93 20 20099 Hamburg
Automobilwerke Thüringen AG Herrn Benno Klein Postfach 13 54 89 99084 Erfurt	Bankhaus Brinkötter AG Frau Karin Schlüter Postfach 55 34 78 40215 Düsseldorf	Versandhaus Meyer GmbH Herrn Werner Grün Postfach 22 54 50 20099 Hamburg
KWE Finanzdienstleistungen Frau Ilse Schmölling Postfach 45 45 45 51105 Köln	Landessparkasse Hamburg/Bremen Herrn Markus Klein Postfach 20 20 20 28195 Bremen	Hessenbank AG Hauptniederlassung Frau Heidi Linke Postfach 12 45 89 60325 Frankfurt

Aufgabe

Erstellen Sie eine Datenquelle für den Etikettendruck mit diesen Feldnamen an:
Anrede – Beruf – Titel – Vorname – Name – Straße – PLZ – Ort

```
Frau                      Frau                      Herrn
Dr. Sonja Müller          Heide Hoffmann            Sven Schäfer
Nordstraße 29             Primelweg 21              Marktstraße 30
25348 Glückstadt          22339 Hamburg             25524 Itzehoe


Frau                      Herrn Staatsanwalt        Frau
Ilka Bauer                Dr. Jens Schreiner        Gabriele Bruns
Birnenweg 25              Europaring 128            Rummelweg 37
28219 Bremen              26389 Wilhelmshaven       26122 Oldenburg


Herrn                     Frau Regierungsrätin      Frau Geschäftsführerin
Dr. Heinz Brinkmann       Claudia Brunstein         Edelgard Buschmeyer
Mittelstraße 132          Netzestraße 25 // III     Hans-Thoma-Straße 5
14776 Brandenburg         12051 Berlin              14467 Potsdam


Herrn Rechtsanwalt        Frau                      Herrn Lehrer
Dr. Hans Deckert          Anna Dombrowski           Martin Eikenbusch
Schwarzer Damm 15         Wursterwitzer Straße 3    Werderscher Markt 54
14473 Potsdam             14774 Brandenburg         10117 Berlin


Frau                      Herrn Facharzt            Frau Direktorin
Johanna Feldmann          Dr. Jürgen Fischer        Dr. Eva Hoffmann
Von-Luck-Straße 48        Kurfürstendamm 201        Kolonie Moosgarten 10
14129 Berlin              10719 Berlin              14482 Potsdam


Frau Studienrätin         Herrn                     Frau
Nicole Peters             Stefan Brinkmann          Silvia Schönborn
August-Bebel-Straße 2     Ludwig-Stur-Straße 11     Heinrich-Heine-Straße 7
06108 Halle               06108 Halle               09131 Chemnitz


Frau                      Frau                      Herrn
Vera Brunner              Dr. Beate Sommer          Mark Schreiber
Otto-Dix-Ring 98          Schubertstraße 68         Curt-Böhme-Straße 45
01219 Dresden             09119 Chemnitz            07552 Gera
```

INFORMATION 

Über das entsprechende Register oder Menü geben Sie den Befehl für das Einfügen eines Textfeldes ein. Es erscheinen evtl. vorformatierte Textfelder. In der Regel möchten Sie das Textfeld selbst erstellen. Haben Sie den Befehl eingegeben, wird aus dem Mauszeiger ein Kreuz. Führen Sie das Kreuz an die Stelle, an der das Textfeld beginnen soll und klicken Sie die linke Maustaste an. Ziehen Sie nun die Größe des Textfeldes. Wenn Sie einen Text erfasst haben, überdeckt das Textfeld einen Teil des Textes.

Um die Größe oder die Form des Textfeldes zu verändern, führen Sie den Mauszeiger auf die Markierungspunkte des Textfeldes und klicken die linke Maustaste an. Sie können nun die Größe und die Proportionen des Textfeldes verändern.

Führen Sie den Mauszeiger zwischen zwei Markierungen, erscheint ein Kreuz mit Pfeilen. Klicken Sie die linke Maustaste an, können Sie das Textfeld verschieben.

Überdeckt das Textfeld einen Teil des Textes, klicken Sie in dem entsprechenden Register oder Menü „Passend" an. Der Text umschließt dann das Textfeld. Dazu muss das Textfeld markiert sein.

Die Textrichtung verändern Sie, indem Sie in dem entsprechenden Register oder Menü die gewünschte Textrichtung anklicken.

Aufgabe

Erfassen Sie den Text und formatieren Sie ihn wie unten abgebildet. Verwenden Sie Schriftart „Verdana", Schriftgrad 11.

Wie können Sie Stress abbauen?

Wer erfolgreicher und glücklicher sein will, muss einiges dafür tun. Menschlich müssen Sie gefestigter sein als die anderen. Wie können Sie das erreichen? Zum Beispiel durch den *Mundwinkel-Trick*. Setzen Sie Ihre Gesichtsmuskulatur in Bewegung und heben Sie die Mundwinkel zu einem Lächeln.

Ihr Gehirn wird dadurch angeregt, viele Glücksbotenstoffe auszuschütten. Wiederholen Sie die Übung und Sie werden verblüfft sein, wie leicht Sie Ihr Innenleben beeinflussen können. Eine anhaltende emotionale Belastbarkeit gewinnen Sie nur durch ein **langfristiges Umstellen Ihres Verhaltens**. ⇐ **Wichtig!**

Bei akutem Stress können ein paar kleine Tricks auch schon helfen. Erledigen Sie z. B. einige nervenaufreibende *Telefongespräche im Stehen*, damit der Kreislauf angeregt wird. Lassen Sie kaltes Wasser über die Handgelenke laufen, um sich zu beruhigen. Ein Glas Wasser regt das Denken an.

Aufgabe

Erfassen Sie den Text und formatieren Sie ihn wie unten abgebildet. Stellen Sie die Schriftart „Tahoma", Schriftgrad 10,5, ein.

Die Gesellschaft mit beschränkter Haftung

Allgemein

Die Gesellschaft mit beschränkter Haftung gehört zur Gruppe der Kapitalgesellschaften. Als juristische Person ist die GmbH selbstständige **Trägerin von Rechten und Pflichten**: Sie kann Eigentum erwerben, Verträge abschließen und vor Gericht klagen und verklagt werden.

Haftung

Wie schon aus der Bezeichnung zu erkennen ist, *haftet die GmbH grundsätzlich nur mit ihrem Gesellschaftsvermögen*, nicht jedoch mit dem Privatvermögen der Gesellschafter.

Firma

Die Firma kann aus *Sach-, Personen-, Misch- oder Fantasienamen* mit dem Zusatz *GmbH* gebildet werden. Dabei sind die Vorschriften des Handelsgesetzbuches zu beachten.

Gründung

Die GmbH gilt als Handelsgesellschaft im Sinne des Handelsgesetzbuchs. Zur Gründung ist *mindestens eine Person* notwendig. Es können aber auch beliebig viele weitere Personen am Gründungsakt teilnehmen. Sie vereinbaren einen Gesellschaftsvertrag (Satzung), der diese Angaben enthalten muss: Firma, Sitz und Zweck der GmbH, die Höhe des Stammkapitals und Übernahme der Stammeinlagen durch die Gesellschafter.

Es kann ein Musterprotokoll verwendet werden, um eine GmbH mit maximal drei Gesellschaftern zu gründen. Es können jedoch dann keine vom Gesetz abweichenden Bestimmungen in der Satzung getroffen werden.

Eintragung in das Handelsregister

Eine GmbH entsteht erst mit der **Eintragung in das Handelsregister**. Der Gesellschaftsvertrag ist notariell zu beurkunden. Anschließend muss eine notariell beglaubigte Handelsregisteranmeldung erfolgen. Die GmbH ist bei dem Registergericht (Amtsgericht), in dessen Bezirk sie ihren Sitz hat, zur Eintragung zum Handelsregister, Abteilung B, anzumelden. Die Anmeldung darf erst vorgenommen werden, wenn mindestens ein Viertel eines jeden Geschäftanteils und mindestens ein Betrag in Höhe der Hälfte des Mindeststammkapitals eingezahlt ist. Sacheinlagen müssen der Gesellschaft zur freien Verfügung stehen. Bei der Anmeldung ist die Gesellschafterliste einzureichen.

Gesellschaftsvertrag

An einer GmbH können sich natürliche Personen und juristische Personen beteiligen. Der Gesellschaftsvertrag legt die Mitwirkungspflichten der Gründer für die Gründung der GmbH und die Satzung der künftigen GmbH fest. Vor Abschluss des notariellen Gesellschaftsvertrages ist das Unternehmen eine Vorgründungsgesellschaft.

INFORMATION 

Textteile können Sie durch WordArt wirkungsvoll hervorheben. Sie haben die Möglichkeit, verschiedene WordArt-Formate und -Formen auszuwählen. Die WordArt-Grafik formatieren Sie ähnlich wie ein Textfeld.

Als Grafiken können Sie auch ClipArt-Bilder oder Digitalfotos in Texte einbinden. Es ist zweckmäßig, die Grafiken in ein Textfeld einzufügen. Abbildungen sind mit einem Mindestabstand von 2 mm zu den angrenzenden Elementen abzusetzen.

Aufgabe

Erfassen Sie den Text und formatieren Sie ihn wie unten abgebildet. Verwenden Sie die Schriftart „Trebuchet MS", Schriftgrad 11. Fügen Sie geeignete ClipArt-Bilder ein.

Die Entwicklung des Computers zum Alltagswerkzeug

Konrad Zuse baute 1936 den ersten funktionierenden programmgesteuerten Rechner, den Z1. Er arbeitete nicht mit Dezimalstellen, sondern – wie die heutigen Computer – mit dem dualen Zahlensystem.

Die Computer der ersten Computergeneration (1945 bis 1955) hatten noch kein Betriebssystem. Für neue Einsätze musste die Konstruktion des Rechners verändert werden. Für den Bau, den Betrieb, die Programmierung und das Operating waren immer dieselben Personen verantwortlich. Die Programmierung war nur in einer **Maschinensprache** möglich.

Computer der zweiten Computergeneration arbeiteten mit **Transistoren**. Dieses neue Bauelement ersetzte die Röhren. Computer waren dadurch kleiner, arbeiteten schneller und waren weniger störanfällig. Durch **neue Speicherverfahren**, wie der Magnettrommel, dem Magnetband und der Magnetplatte, wurden die Computer für die Unternehmen und Behörden interessant.

In den Jahren 1965 bis 1980 lösten **integrierte Schaltungen** die Transistoren ab. Die Computer wurden kleiner und arbeiteten erheblich schneller. Dadurch konnten sie kostengünstig angeboten werden.

Mit der Entwicklung des Personal Computers gelingt Ingenieuren der ganz große Wurf. Ein Personal Computer (PC) steht bald auf jedem Tisch, bietet die Leistung eines großen Computers, kostet aber nur einen Bruchteil davon.

Aufgabe

Erfassen Sie den Text und formatieren Sie ihn wie unten abgebildet. Verwenden Sie die Schriftart „Verdana", Schriftgrad 10. Laden Sie die Bilder von der CD herunter.

Die größte deutsche Insel: Rügen

Ortskern Putbus

Kurhaus Binz

Seebrücke Sellin

Findlinge an der Nordküste

Nach www.wikipedia.de, 27. März 2009

Rügen ist die größte deutsche Insel. Sie liegt vor der pommerschen Ostseeküste und gehört zu Mecklenburg-Vorpommern. Die Insel ist durch die Rügenbrücke über den 2 km breiten Strelasund mit dem Festland verbunden. Sie hat eine maximale Länge von 52 km (von Süd nach Nord), eine maximale Breite von 41 km im Süden und eine Fläche von 926 km².

Die Küste ist durch zahlreiche Meeresbuchten *(Bodden oder Wieken)* sowie Halbinseln und Landzungen äußerst stark zergliedert. Die Insel Rügen bildet mit der Insel Hiddensee und einigen kleineren Inseln den Landkreis Rügen mit der Kreisstadt Bergen auf Rügen. Weitere Städte sind Sassnitz, Putbus und Garz/Rügen. Hinzu kommen die Ostseebäder Binz, Sellin, Göhren, Baabe und Thiessow.

Rügen wird wegen seiner vielfältigen landschaftlichen Schönheiten und der langen, feinsandigen Badestrände von vielen Urlaubern besucht. Funde in den Bodden weisen auf eine Besiedelung seit der Steinzeit hin. Auf ganz Rügen findet man viele Steindenkmäler, wie Großsteingräber und Opfersteine, die bis in die heutige Zeit erhalten geblieben sind.

Rügen ist eine der touristischen Hochburgen Deutschlands. Die Insel verzeichnet etwa ein Viertel aller Übernachtungen in Mecklenburg-Vorpommern. Neben dem Badetourismus zieht aber auch die einzigartige Natur- und Kulturlandschaft die Touristen an, die die Insel mit dem Fahrrad, zu Fuß oder mit dem Segelboot erkunden. Viele Sehenswürdigkeiten erfreuen sich großer Beliebtheit.

Aufgabe

Erfassen Sie den Text und formatieren Sie ihn wie unten abgebildet. Verwenden Sie die Schriftart „Arial Narrow", Schriftgrad 13. Laden Sie die Bilder von der CD herunter.

Die englische Stadt York

Stadtmauer

York ist eine Stadt im Norden von England, am Fluss *Ouse,* nahe der Mündung des *Foss* in die Ouse. York war die frühere Residenzstadt der Grafschaft *Yorkshire.* Heute ist die *City of York* eine selbstständige Gebietskörperschaft, die nur zu zeremoniellen Anlässen zur *Grafschaft North Yorkshire* gehört.

York wird auch die „ewige Stadt" genannt und ist berühmt für die historischen Gebäude. Der Ort, an dem sich die Stadt heute befindet, wurde von den Römern *Eboracum* genannt. Es gibt weder Quellen noch archäologische Funde, die auf eine vorrömische Siedlung an dieser Stelle hinweisen, doch ist eine keltische Vorbesiedlung wahrscheinlich. Nachdem die Angelsachsen die Gegend eroberten, wurde die Stadt in *Eoforwic* umbenannt. Nach der normannischen Invasion 1066 wurde dieser Name in *York* geändert.

Fachwerkhaus

York Minster

Das **York Minster** *(Münster)* ist die größte mittelalterliche Kirche in England. Nach einer Bauzeit von 250 Jahren wurde es im Jahre 1472 fertiggestellt. Bis heute zieht es täglich Hunderte von Touristen aus der ganzen Welt an und ist neben den kleinen Gässchen, der Universität und einigen Museen die Hauptattraktion der Stadt York. Besonders an dieser im gotischen Stil erbauten Kathedrale ist die Größe. Eine Fensterwand ist beispielsweise so groß wie die Länge eines Tennisfeldes. Eindrucksvoll sind ebenfalls die zwei großen Türme und ein kleiner Turm sowie die Orgel.

Kirchenschiff York Minster

Nach www.wikipedia.de, 27. März 2009

Aufgabe

Erfassen Sie den Text und formatieren Sie ihn wie unten abgebildet. Verwenden Sie die Schriftart „Verdana", Schriftgrad 10. Laden Sie die Bilder von der CD herunter.

Soest - eine bedeutende Handelsstadt

Soest ist eine westfälische Kreisstadt des gleichnamigen Landkreises im Regierungsbezirk Arnsberg in Nordrhein-Westfalen. In der jeweils etwa 50 km östlich von Dortmund und westlich von Paderborn gelegenen Stadt in der fruchtbaren Soester Börde leben heute mehr als 48 000 Einwohner.

Marktplatz

Urkundlich erwähnt wird die Stadt zwar erstmals im Jahr 836. Gleichwohl ist eine Besiedlung des Gebietes südöstlich des Patrokli-Doms bereits für die sogenannte bandkeramische Zeit – etwa 5500 bis 5000 v. Chr. – nachgewiesen worden. Bei archäologischen Grabungen im Stadtzentrum wurde ein Erdwerk der Michelsberger Kultur entdeckt. Archäologische Funde belegen, dass hier etwa um 500 n. Chr. Menschen lebten und Salz gewannen. Bereits aus der Mitte des 20. Jahrhunderts ist ein Gräberfeld der Merowinger bekannt.

Rathaus und Patrokli-Dom

Haus, in dem Konrad Duden lebte

Soest gehörte zu einer alten Siedlungskette, die einerseits durch zahlreiche Quellen nördlich von Ardeygebirge und Haarstrang, andererseits durch die alte Handelsverbindung des Hellwegs begünstigt war. Die fruchtbare Landschaft der Soester Börde, das relativ trockene Klima sowie das reichlich vorhandene Wasser waren schon immer für eine Ansiedlung günstig. Die Solequellen in der Nachbarschaft ließen schon früh die Salzgewinnung zu einem bedeutenden mittelalterlichen Wirtschaftszweig der Stadt werden. Neben dem Salz spielte die Eisenverarbeitung eine wichtige Rolle bei dem Aufstieg Soests zu einer der bedeutendsten Gewerbe- und vor allem Handelsstädte im Mittelalter.

Nach www.wikipedia.de, 27. März 2009

Aufgabe

Erfassen Sie den Text und formatieren Sie ihn wie unten abgebildet. Verwenden Sie die Schriftart „Tahoma", Schriftgrad 10. Laden Sie die Bilder von der CD herunter.

Mölln – die Stadt Till Eulenspiegels

Innerstadt

Mölln ist eine Stadt im Kreis Herzogtum Lauenburg im Südosten Schleswig-Holsteins. Die nach Einwohnern zweitgrößte Stadt im Kreis Herzogtum Lauenburg liegt an der B 207 (Alte Salzstraße) etwa 30 Kilometer südlich von Lübeck, im Gebiet des Naturparks *Lauenburgische Seen*. Der Stadthügel ist eine vom Schmelzwasser der letzten Eiszeit geprägte Endmoränenzunge. Die Stadt ist von der *Möllner Seenplatte* umgeben, bestehend aus den Seen *Drüsensee, Lüttauer See, Schmalsee, Hegesee, Schulsee, Stadtsee* und *Ziegelsee*. Der Ziegelsee wird vom Elbe-Lübeck-Kanal durchquert, der westlich an Mölln vorbeiführt.

Möllner See

Nach www.wikipedia.de, 29. März 2009

Zwischen 1165 und 1180 gründete der Ritter *Konrad Wackerbarth* als Lokator Mölln (Mulne) durch Umsiedlung von neun slawischen Bauern von der Mündung der *Delvenau* in das heutige Alt-Mölln und die nachfolgende Ansiedlung von 12 *sächsischen Hufen* (Höfe) an der Stelle des *Ohlendorps*.

Die Feldmark lag südlich davon auf dem *Steinfeld*. Gegen 1210 wurde der Siedlungskern auf den *Werder* zwischen *Möllner See* und *Schulsee* verlegt und ummauert. Die erstmalige urkundliche Erwähnung des Ortes erfolgte 1188 im Zusammenhang mit dem *Möllner See* („stagnum mulne") im Barbarossa-Privileg für Lübeck.

Besondere Sehenswürdigkeiten sind die gut erhaltene Altstadt mit der backsteingotischen Kirche *Sankt Nicolai* und der am Fuße des Kirchbergs auf dem Markt befindliche Gedenkstein für *Till Eulenspiegel*. Auf dem Marktplatz befinden sich

Gedenkstein Till Eulenspiegel

auch das Eulenspiegel-Museum und das Heimatmuseum im Alten Rathaus. Das gotische Möllner Rathaus aus dem Jahr 1373 ist neben dem Lübecker Rathaus das einzige aus dieser Stilepoche in Schleswig-Holstein.

INFORMATIONEN

Einbinden von Excel-Tabellen

Wollen Sie eine Excel-Tabelle in ein Word-Dokument einfügen, haben Sie zwei Möglichkeiten. Sie können die Tabelle kopieren oder beim Einfügen dynamisch verknüpfen.

Zum Kopieren einer Excel-Tabelle geben Sie den Kopierbefehl ein und rufen das Textverarbeitungsprogramm Word auf. Sie erfassen nun den Text. Es ist sinnvoll, für die Tabelle ein Textfeld zu verwenden. In das Textfeld fügen Sie nun durch einen Kurzbefehl die Excel-Tabelle ein. Die Tabelle können Sie vergrößern, verkleinern oder nach Ihren Bedürfnissen verschieben.

Wollen Sie, dass die Änderungen in der Excel-Tabelle auch in die Word-Datei übernommen werden, müssen Sie eine dynamische Verknüpfung vornehmen. Sie fügen die Excel-Tabelle ein und wählen „Verknüpfen".

Die Tabelle sollte einen Abstand von 2 mm zu dem angrenzenden Text haben.

Aufgabe

Erstellen Sie die eingefügte Excel-Tabelle. Erfassen Sie den Text und formatieren Sie ihn wie unten abgebildet. Fügen Sie die Excel-Tabelle in das Worddokument ein. Verwenden Sie die Schriftart „Arial Narrow", Schriftgrad 12.

Die demografische Entwicklung

Altersgruppe	Männer in Tsd.	Frauen in Tsd.
bis 10	3 867,1	3 672,3
10 bis 19	4 588,3	4 358,0
20 bis 29	4 920,6	4 785,3
30 bis 39	5 973,4	5 720,9
40 bis 49	6 912,4	6 626,6
50 bis 59	5 227,7	5 245,3
60 bis 69	4 861,8	5 182,6
70 bis 79	2 946,2	3 868,7
80 bis 89	902,9	2 173,2
90 und älter	139,7	465,2

Zur Untersuchung demografischer Prozesse (also der Bevölkerungsbewegung) werden neben verschiedenen, statistischen Kennziffern wie Geburtenrate, Fruchtbarkeitsrate, Sterberate, Migrationsrate, Lebenserwartung usw. auch grafische Darstellungen wie die Alterspyramide verwendet.

Betrachtet man etwa den Aspekt der Gesamtzahl einer Bevölkerung, so schlagen Veränderungen des Geburtenverhaltens nur langsam auf deren Entwicklung durch, denn die 30-, 50- oder 80-Jährigen von morgen sind heute bereits geboren. Außerdem wird die zahlenmäßige Stärke der nachkommenden Generationen entscheidend nicht nur durch die Geburtenraten bestimmt, sondern auch von der Stärke der jeweiligen Elterngeneration, die zum Teil bereits geboren oder eben nicht geboren ist.

Nach www.wikipedia.de, 30. März 2009

INFORMATION 

EINBINDEN VON DIAGRAMMEN

Auch Diagramme können Sie in das Word-Dokument kopieren oder über das Menü oder Register einfügen. Es ist sinnvoll, ein Textfeld zu verwenden. Diagramme haben eine Überschrift.

Das Diagramm ordnen Sie in einem angemessenen Abstand vor und nach dem Text an. Der Abstand beträgt mindestens eine Leerzeile.

Wird das Diagramm in den Text integriert, lassen Sie zwischen dem Diagramm und dem angrenzenden Text einen Abstand von 2 mm.

Aufgabe

Erstellen Sie das eingefügte Diagramm. Erfassen Sie den Text und formatieren Sie ihn wie unten abgebildet. Fügen Sie das Diagramm in das Worddokument ein. Verwenden Sie die Schriftart „Arial Unicode MS", Schriftgrad 10,5. Wählen Sie den Zeilenabstand 14 pt.

Die Bevölkerungsentwicklung

Zur Zeit Christi Geburt gab es etwa 300 Millionen Menschen auf der Welt, im Jahre 1650 waren es rund eine halbe Milliarde. Das Wachstum betrug damals 0,3 %, was einer Verdopplungszeit von etwa 240 Jahren entspricht.

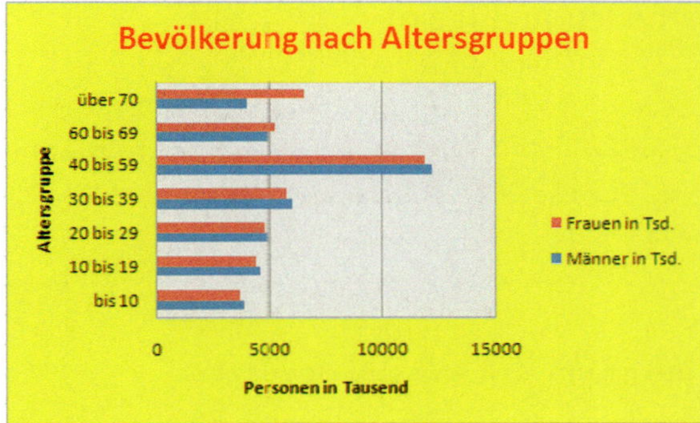

Nach den starken Zuwachsraten während der industriellen Revolution hatte sich die Bevölkerungszahl bis zum Jahr 1900 mit 1,6 Milliarden bereits mehr als verdreifacht. Damals nahm sie um 0,7 bis 0,8 % jährlich zu, was einer Verdopplungszeit von etwa 100 Jahren entspricht.

Die Verdopplung war jedoch bereits im Jahr 1965 mehr als erreicht (Bevölkerung: 3,3 Milliarden, Wachstumsrate: 2 %, Verdopplungszeitraum: 36 Jahre). Seit 1965 bis zum Jahr 2000 stieg die Bevölkerungszahl von 3,3 Milliarden auf 6 Milliarden weiter an. Auffallend seit den 1950er Jahren ist dabei jedoch das starke Fallen der Geburtenrate. Das Sinken der Geburtenrate verursachte ein Sinken der Wachstumsrate der Weltbevölkerung von 2,0 % auf 1,2 %. Die Zusammensetzung der Bevölkerung in Deutschland nach Altersgruppen zeigt das Diagramm.

Nach www.wikipedia.de, 30. März 2009

AUSSENDIENSTMITARBEITERBESPRECHUNG ZUR ABSATZENTWICKLUNG

Sie sind Mitarbeiter(in) der Büromöbelfabrik Westfalia AG. Für Ihren Abteilungs-
leiter haben Sie die Umsätze der Büroschreibtische des letzten Quartals zusam-
mengestellt.

Artikel	EUR
RATIO	12.495,80
ERGONOM	18.342,75
ÖKONOM	23.532,50
VARIO	8.983,65
PRIVAT	14.646,50

Um über den Verkauf der Produkte im letzten Quartal und die Wünsche der Kunden zu beraten, laden Sie alle Außendienstmitarbeiter(innen) zu einer Besprechung am Donnerstag, 10. November d. J., 10:00 Uhr, in die Hauptverwaltung,
Raum 210, ein.

Bitten Sie um eine Nachricht, wenn eine(r) der Außendienstmitarbeiter(innen)
verhindert sein sollte.

Aufgaben

1. Erstellen Sie nach der obigen Tabelle ein Excel-Diagramm. Fügen Sie das
   Diagramm so in den Geschäftsbrief ein.
2. Fertigen Sie nach der Situationsbeschreibung den Serienbrief nach DIN 5008
   an. Laden Sie diese Außendienstmitarbeiter(innen) ein:

Herrn Dipl.-Kfm. Peter Petersen Küsterstieg 5 21079 Hamburg	Herrn Stefan Stange Hamburger Straße 15 21614 Buxtehude	Frau Dipl.-Betriebsw. Ellen Franke Mittelweg 18 21682 Stade
Frau Sonja Fleischer Nordstraße 29 25348 Glückstadt	Frau Nicole Bergmann Primelweg 21 22339 Hamburg	Herrn Frank Schreiber Marktstraße 30 25524 Itzehoe

3. Legen Sie eine Datenquelle an. Speichern Sie unter dem Dateinamen ADM-
   Datenquelle.
4. Verwenden Sie eine Dokumentvorlage mit einem Standardinformationsblock.
   Speichern Sie das Seriendruck-Hauptdokument unter dem Dateinamen ADM-
   Hauptdokument.
5. Führen Sie beide Dateien zusammen.

Lösung

Büromöbelfabrik Westfalia AG

Büromöbelfabrik Westfalia AG · Postfach 23 15 45 · 44225 Dortmund

Ihr Zeichen:
Ihre Nachricht vom:
Unser Zeichen: bau
Unsere Nachricht vom:

Name: Ines Bauer
Telefon: 0231 210-125
E-Mail: inesbauer@westfalia-wvd.com

Datum: 20..-07-20

<<Anrede>>
<<Titel>>   <<Vorname>>   <<Name>>
<<Straße>>
<<PLZ>>   <<Ort>>

Einladung zur Besprechung der Außendienstmitarbeiter

Bedingungsfeld „Guten Tag Frau" „Guten Tag Herr" <<Titel>> <<Name>>,

die Ergebnisse der Umsätze des letzten Quartals liegen vor. Einzelheiten des Verkaufs der Büroschreibtische ersehen Sie aus dem Diagramm.

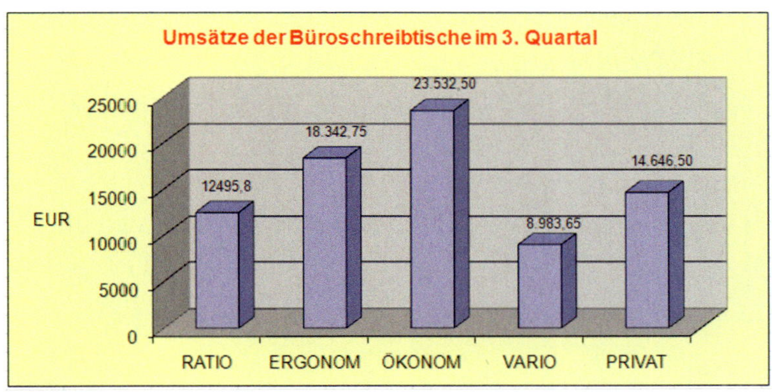

Über den Verkauf unserer Produkte und die Wünsche unserer Kunden wollen wir uns bei unserer Zusammenkunft am

Donnerstag, 10. November d. J., 10:00 Uhr,

in unserer Hauptverwaltung, Raum 210, unterhalten.

Bitte informieren Sie uns, wenn Sie verhindert sein sollten. Schon heute wünschen wir Ihnen eine gute Anreise.

Freundliche Grüße

Büromöbelfabrik
Westfalia AG

i. A.

Ines Bauer

INFORMATION

Formularfelder

Zum Erstellen von Vordrucken können Sie in einen Vordruck diese Formularfelder einfügen:

☐   *Textformularfeld*
In dieses Formularfeld geben Sie Text ein.

☐   *Kontrollkästchen-Formularfeld*
Aktivieren Sie das Kontrollkästchen, erscheint ein Kreuz. ☒

☐   *Kombinationsfeld (Dropdown-Formularfeld)*
Dieses Feld wählen Sie, wenn Sie unterschiedliche Antworten einsetzen wollen, z. B. in der Anrede „Herrn" oder „Frau". Dazu müssen Sie in den Optionen die entsprechenden Auswahlantworten einsetzen.

Um zu verhindern, dass das Formular beim Ausfüllen überschrieben wird, müssen Sie das Formular schützen.

Beim Ausfüllen des Vordrucks steuern Sie die Formularfelder mit der Tab-Taste oder mit dem Mauszeiger an. Ein Kontrollkästchen können Sie mit der Leertaste oder durch Mausklick aktivieren.

Hinter einem Kombinationsfeld erscheint ein Pfeil, den Sie anklicken. Sie können nun die Textvariante auswählen.

Aufgabe

Erstellen Sie die Reisekostenrechnung und formatieren Sie diese wie unten abgebildet. Schützen Sie das Formular. Füllen Sie den Vordruck mit Angaben Ihrer Wahl aus.

Reisekostenrechnung

Name:	Textfeld	Abteilung:	Kombinationsfeld
Abfahrtsort:	Textfeld	Zielort:	Textfeld
Beginn der Reise:	Textfeld	Ende der Reise:	Textfeld
Verkehrsmittel:	Kombinationsfeld	Pkw-Fahrt:	Textfeld km
Grund der Reise:	Textfeld	Genehmigung:	☐ ja ☐ noch nicht erteilt
Konto:	Textfeld	Bankleitzahl:	Textfeld
Bankverbindung:	Textfeld		
Datum:	Textfeld		

Aufgabe

Erstellen Sie einen Vordruck zum Erfassen der Personalstammdaten. Schützen Sie das Formular.

Personalstammdaten der Automobilwerke Nordwest AG

Personalnummer: `Textfeld`   Eintrittsdatum: `Textfeld`

Persönliche Angaben

Name: `Textfeld`   Vornamen: `Textfeld`

Straße: `Textfeld`   PLZ und Wohnort: `Textfeld`

Geburtsdatum: `Textfeld`   Geburtsort: `Textfeld`

Familienstand: `Kombinationsfeld`   Partner: `Textfeld`

Staatsangehörigkeit: `Textfeld`

Schulbesuch – Studium – Kenntnisse

Schulabschluss: `Kombinationsfeld`   Studienabschluss: `Textfeld`

Berufsausbildung: `Textfeld`

Besondere Kenntnisse: `Textfeld`

Letzter Arbeitgeber

Unternehmen: `Textfeld`   Zeitraum: `Textfeld`

Gehalt

Steuerklasse: `Textfeld`   Gehaltsgruppe: `Textfeld`

Kinderfreibeträge: `Textfeld`   Gehalt: `Textfeld`

Urlaubsanspruch: `Textfeld`

Sozialversicherung

Krankenkasse: `Textfeld`

☐ Pflichtversichert: ☐ Ersatzversichert   ☐ Freiwillig versichert

Versicherungsnummer: `Textfeld`

Tätigkeitsmerkmal: `Textfeld`

Bankverbindung

Konto: `Textfeld`   Bankleitzahl: `Textfeld`

Bankverbindung: `Textfeld`

Aufgabe

Füllen Sie den Vordruck aus.

Personalstammdaten der Automobilwerke Nordwest AG

Personalnummer: **938**   Eintrittsdatum: **01.08.2007**

Persönliche Angaben

Name: **Franke**   Vornamen: **Sybille**

Straße: **Bruno-Paul-Straße 13**   PLZ und Wohnort: **81245 München**

Geburtsdatum: **12.02.1983**   Geburtsort: **Augsburg**

Familienstand: **verheiratet**   Partner: **Tim Franke**

Staatsangehörigkeit: **deutsch**

Schulbesuch – Studium – Kenntnisse

Schulabschluss: **Realschulabschluss**   Studienabschluss: **ohne**

Berufsausbildung: **Bürokauffrau**

Besondere Kenntnisse: **Hohe Fertigkeiten im Tastschreiben**

Letzter Arbeitgeber

Unternehmen: **Großhandlung Meise KG**   Zeitraum: **01.08.99 – 31.07.2002**

Gehalt

Steuerklasse: **IV**   Gehaltsgruppe: **5**

Kinderfreibeträge: **0**   Gehalt: **1.923,20 €**

Urlaubsanspruch: **gesetzlich**

Sozialversicherung

Krankenkasse: **Allgemeine Ortskrankenkasse, München**

☒ Pflichtversichert: ☐ Ersatzversichert   ☐ Freiwillig versichert

Versicherungsnummer: **78 120283 F 0024533**

Tätigkeitsmerkmal: **Sachbearbeiterin**

Bankverbindung

Konto: **34 453 946**   Bankleitzahl: **324 532 85**

Bankverbindung: **Deutsche Wirtschaftsbank AG**

Aufgabe

1. Erstellen Sie einen Vordruck für den Geschäftsbrief A4 mit einer Bezugszeichenzeile. Setzen Sie an den Beschriftungsstellen Textformularfelder ein.
2. Stellen Sie den linken Rand auf 2,5 cm und den rechten Rand auf 2 cm. Oben ist der Abstand auf 0 cm einzustellen.
3. Für die Postanschrift des Absenders über dem Anschriftfeld und für die Leitwörter der Bezugszeichenzeile verwenden Sie die Schriftart Verdana, Schriftgrad 6,5, während die Geschäftsangaben in der Fußzeile mit Schriftgrad 6 einzugeben sind.
4. Berücksichtigen Sie diese Positionen: Der Abstand von der oberen Blattkante bis zur 1. Zeile des Anschriftfeldes beträgt 3,2 cm. Das Anschriftfeld soll 8,5 cm breit sein.
5. Setzen Sie die Tabstopps in der Fußzeile neu.
6. Schützen Sie das Formular.

Büro der Zukunft GmbH

Büro der Zukunft GmbH · Postfach 5 12 35 29 · 44148 Dortmund

Textfeld
Textfeld
Textfeld
Textfeld

	5 cm	10 cm		15 cm
		Telefon, Name		
Ihr Zeichen, Ihre Nachricht von	Unser Zeichen, unsere Nachricht vom	0231 21353-		Datum
Textfeld	Kombinationsfeld	Textfeld	Kombinationsfeld	Textfeld

Textfeld

Geschäftsräume	Telefax	E-Mail	Internet	Stadtsparkasse Dortmund
Borussiastraße 75	0231 21353-50	info@buerozukunft-wvd.de	www.buero-zukunft-wvd.de	Konto 345 987 239
44149 Dortmund				Bankleitzahl 440 501 99

Geschäftsführerin: Heike Niemeyer · Sitz der Gesellschaft: Dortmund · Handelsregister B Nr. 2349 beim Amtsgericht Dortmund

Aufgabe

1. Erstellen Sie einen Vordruck für den Geschäftsbrief A4 mit einem Informations-block. Setzen Sie an den Beschriftungstellen Textformularfelder ein.
2. Stellen Sie den linken Rand auf 2,5 cm und den rechten Rand auf 2 cm. Wählen Sie „Oben" 0 cm.
3. Für die Postanschrift über dem Anschriftfeld verwenden Sie die Schriftart Verdana, Schriftgrad 6,5.
4. Für die Geschäftsangaben in der Fußzeile wählen Sie Schriftgrad 6.
5. Berücksichtigen Sie diese Positionen:
   Der Abstand von der oberen Blattkante bis zur 1. Zeile der Zusatz- und Ver-merkzone beträgt 3,2 cm. Der Informationsblock steht 10 cm vom linken Rand.
6. Setzen Sie die Tabstopps in der Fußzeile neu.
7. Schützen Sie das Formular.

Büro der Zukunft GmbH

Büro der Zukunft GmbH · Postfach 5 12 35 29 · 44148 Dortmund

Ihr Zeichen: `Textfeld`
Ihre Nachricht vom: `Textfeld`
Unser Zeichen: `Kombinationsfeld`
Unsere Nachricht vom: `Textfeld`

`Textfeld`
`Textfeld`
`Textfeld`
`Textfeld`

Name: `Kombinationsfeld`
Telefon: **0231 21353-**`Textfeld`
E-Mail: `Textfeld` @buero-zukunft-wvd.com

Datum: `automatisch einfügen`

`Textfeld`

Geschäftsräume
Borussiastraße 75
44149 Dortmund

Telefax
0231 21353-50

E-Mail
info@buerozukunft-wvd.de

Internet
www.buero-zukunft-wvd.de

Stadtsparkasse Dortmund
Konto 345 987 239
Bankleitzahl 440 501 99

Geschäftsführerin: Heike Niemeyer · Sitz der Gesellschaft: Dortmund · Handelsregister B Nr. 2349 beim Amtsgericht Dortmund

Aufgabe

1. Erstellen Sie den Vordruck für eine Kurzmitteilung.
2. Für die einzufügenden Textstellen wählen Sie jeweils ein Textformularfeld. Für die anzukreuzenden Angaben fügen Sie ein Formularfeld „Kontrollkästchen" ein. Setzen Sie für den Anlagenvermerk ein Kombinationsfeld (Dropdown-Formularfeld) mit „Anlage", „Anlagen" und „ohne Anlage" (setzen Sie dafür in das freie Feld ein Leerzeichen).
3. Die 1. Zeile des Anschriftfeldes soll 3,2 cm unter der oberen Blattkante beginnen. Das Anschriftfeld soll 8,5 cm breit sein.
4. Verwenden Sie die Schriftart Verdana. Die Postanschrift des Absenders über dem Anschriftfeld und die Leitwörter sollen eine Größe von 6 pt haben.
5. Beginnen Sie mit den Leitwörtern des Informationsblockes 10 cm vom linken Rand.
6. Schützen Sie das Formular.

Büro der Zukunft GmbH

Büro der Zukunft GmbH · Postfach 5 12 35 29 · 44148 Dortmund

Ihr Zeichen: `Textfeld`
Ihre Nachricht vom: `Textfeld`
Unser Zeichen: `Kombinationsfeld`
Unsere Nachricht vom: `Textfeld`

`Textfeld`
`Textfeld`
`Textfeld`
`Textfeld`

Name: `Kombinationsfeld`
Telefon: 0231 21353-`Textfeld`
E-Mail: `Textfeld`@buero-zukunft-wvd.com

Datum: `automatisch einfügen`

Kurzmitteilung

Mit der Bitte um

☐ Kenntnisnahme   ☐ Erledigung   ☐ Rücksprache   ☐ Rückgabe

Bemerkungen: `Textfeld`

Freundliche Grüße

i. A.

`Textfeld`

`Kombinationsfeld` Anlage

SITUATION

Als Sachbearbeiter(in) der Personalabteilung der Automobilwerke Nordost AG sind Sie für die Einstellung des Personals verantwortlich. Um die Arbeit zu rationalisieren, legen Sie für die Antwortschreiben auf die Bewerbungen verschiedene Standardbriefe an. Der feststehende (konstante) Text soll für alle Briefe verwendet werden. An den variablen Textstellen fügen Sie jeweils Formularfelder ein.

Frau Katja Meineke, Malchiner Straße 56, 18109 Rostock, bewarb sich am 8. Juli d. J. bei Ihnen um eine Stelle als Kauffrau für Bürokommunikation. Sie bitten um Verständnis dafür, dass die Durchsicht der Bewerbungsunterlagen eine längere Zeit dauern wird und mit einer Zusage oder Ablehnung der Bewerbung erst nach der Urlaubszeit zu rechnen ist. Sie fordern fehlende Bewerbungsunterlagen an.

Aufgaben

1. Erstellen Sie einen Standardbrief mit Formularfeldern, den Sie auch für alle anderen Bewerberinnen und Bewerber verwenden können. Wählen Sie einen Vordruck mit einer Bezugszeichenzeile.
2. Sehen Sie Kombinationsfelder (Dropdown-Formularfelder) für diese Berufe vor:
   a) Bürokauffrau
   b) Bürokaufmann
   c) Kauffrau für Bürokommunikation
   d) Kaufmann für Bürokommunikation

3. Für die fehlenden Bewerbungsunterlagen fügen Sie drei Kontrollkästchen ein. Hinter die Kontrollkästchen setzen Sie diese Angaben:
   a) Tabellarischer Lebenslauf
   b) letztes Schulzeugnis
   c) Passfoto

4. Fügen Sie hinter den fehlenden Angaben ein Textfeld ein. Setzen Sie in dieses Feld „Wichtig!", Farbe Rot, ein. Davor setzen Sie einen Pfeil, der nach links zeigt.
5. Speichern Sie unter dem Dateinamen **Standard-Bewerbung**.
6. Benutzen Sie das Formular für den Standardbrief, um Frau Meineke auf ihre Bewerbung zu antworten. Fügen Sie an den Stellen für die Formularfelder die variablen Textstellen ein.
7. Schützen Sie das „Formular".
8. Speichern Sie den Brief unter dem Dateinamen **Vorstellung-Formular**.

Lösung

Standardbrief mit Formularfeldern

Automobilwerke Nordost AG

Automobilwerke Nordost AG · Postfach 23 15 45 · 18055 Rostock

`Formtext`
`Formtext`
`Formtext`
`Formtext`

Ihr Zeichen, Ihre Nachricht vom	Unser Zeichen, unsere Nachricht vom	Telefon, Name 0381 2210-	Datum
`Formtext`	be	182 Susanne Becker	`Formtext`

Ihre Bewerbung um die Stelle als `Formdropdown`

Sehr geehrte `Formtext`,

Sie haben sich um die Stelle als `Formdropdown` beworben. Für das Vertrauen, das Sie unserem Unternehmen entgegenbringen, danken wir Ihnen.

Mit Ihnen haben sich weitere Damen und Herren um diese Stelle beworben. Sicher haben Sie Verständnis dafür, dass die Durchsicht der Bewerbungsunterlagen eine längere Zeit dauern wird. Nach der Urlaubszeit erfahren Sie, wie wir uns entschieden haben.

Ihre Bewerbungsmappe war nicht vollständig. Bitte senden Sie uns noch diese Unterlagen zu:

`Formcheckbox` den tabellarischen Lebenslauf
`Formcheckbox` das letzte Schulzeugnis
`Formcheckbox` das Passbild

Bitte gedulden Sie sich noch etwas.

Freundliche Grüße

Automobilwerke
Nordost AG

i. A.

Susanne Becker

Lösung

Antwortschreiben auf die Bewerbung

Automobilwerke Nordost AG

Automobilwerke Nordost AG · Postfach 23 15 45 · 18055 Rostock

Frau
Katja Meineke
Malchiner Straße 56
18109 Rostock

Ihr Zeichen, Ihre Nachricht vom	Unser Zeichen, unsere Nachricht vom	Telefon, Name 0381 2210-	Datum
20..-07-2008	be	182 Susanne Becker	20..-07-10

Ihre Bewerbung um die Stelle als Kauffrau für Bürokommunikation

Sehr geehrte Frau Meineke,

Sie haben sich um die Stelle als Kauffrau für Bürokommunikation beworben.
Für das Vertrauen, das Sie unserem Unternehmen entgegenbringen, danken
wir Ihnen.

Mit Ihnen haben sich weitere Damen und Herren um diese Stelle beworben.
Sicher haben Sie Verständnis dafür, dass die Durchsicht der Bewerbungsunterlagen eine längere Zeit dauern wird. Nach der Urlaubszeit erfahren Sie, wie
wir uns entschieden haben.

Ihre Bewerbungsmappe war nicht vollständig. Bitte senden Sie uns noch diese
Unterlagen zu:

☐ den tabellarischen Lebenslauf
☒ das letzte Schulzeugnis
☐ das Passbild

⬅ **Wichtig!**

Bitte gedulden Sie sich noch etwas.

Freundliche Grüße

Automobilwerke
Nordost AG

i. A.

Susanne Becker